Serie de Teoría Jurídica y Filosofía del Derecho N.º 47

De los derechos y el Estado de Derecho
Aportaciones a una teoría jurídica de los derechos

Francisco Javier Ansuátegui Roig
Catedrático de la Universidad Carlos III de Madrid

De los derechos y el Estado de Derecho
Aportaciones a una teoría jurídica de los derechos

Universidad Externado de Colombia

Serie orientada por LUIS VILLAR BORDA
Director del Departamento de Gobierno Municipal

ISBN 978-958-710-247-5

© **FRANCISCO JAVIER ANSUÁTEGUI ROIG**, 2007
© **UNIVERSIDAD EXTERNADO DE COLOMBIA**, 2007
   Calle 12 n.º 1-17 Este, Bogotá
   Teléfono: (57 1) 342 0288
   publicaciones@uexternado.edu.co
   www.uexternado.edu.co

Primera edición: septiembre de 2007

Ilustración de cubierta: Monumento a la Constitución española de 1978
Composición: Departamento de Publicaciones

Prohibida la reproducción o cita impresa o electrónica total o parcial de esta obra, sin autorización expresa y por escrito del Departamento de Publicaciones de la Universidad Externado de Colombia. Las opiniones expresadas en esta obra son de responsabilidad del autor.

A Javier y Álvaro

CONTENIDO

PRESENTACIÓN — 11

INTRODUCCIÓN — 15

PRIMERA PARTE
DERECHOS Y ESTADO DE DERECHO

CAPÍTULO PRIMERO
LAS DEFINICIONES DEL ESTADO DE DERECHO
Y LOS DERECHOS FUNDAMENTALES — 21
1. Introducción — 21
2. Conceptos esencialmente controvertidos
   y tipos de definiciones — 24
3. Modelos de Estado de Derecho y tipos de definiciones — 40
4. Derechos fundamentales y estructura
   del Estado de Derecho. La propuesta de Luigi Ferrajoli — 57

CAPÍTULO SEGUNDO
ESTADO DE DERECHO, CRISIS DE LA LEY Y ESTADO CONSTITUCIONAL — 73
1. Un concepto sustancial o material de Estado de Derecho — 78
2. El Estado constitucional — 87
3. El imperio de la ley y la crisis de la ley — 95

CAPÍTULO TERCERO
POSITIVISMO JURÍDICO Y SISTEMAS MIXTOS — 107
1. Introducción — 107
2. El positivismo jurídico y la incorporacion de la moral — 109
3. Sobre la separación entre el Derecho y la moral:
   el Derecho como punto de vista sobre la justicia — 124
4. Los sistemas jurídicos como sistemas mixtos — 131

SEGUNDA PARTE
¿UN ESTADO DE DERECHO INTERNACIONAL?

CAPÍTULO CUARTO
DERECHOS Y ESTADO DE DERECHO: LAS EXIGENCIAS DE LA UNIVERSALIDAD
(UNA APROXIMACIÓN) 147

CAPÍTULO QUINTO
CONSTITUCIONALISMO Y CONSTITUCIÓN EUROPEA 165
1. Preliminar 165
2. La lógica del constitucionalismo 170
3. Constitución europea y democracia 180
4. La posición de los derechos 191

CAPÍTULO SEXTO
LA DECLARACIÓN UNIVERSAL DE DERECHOS HUMANOS Y LA ÉTICA PÚBLICA 205
1. Una perspectiva necesariamente específica 205
2. El tiempo de los derechos 207
3. La Declaración Universal de Derechos Humanos
   como punto de referencia 208
4. La Declaración es universal: consecuencias y problemas 211
5. La Declaración y el "optimismo" de Bobbio 212
6. Sobre la universalidad de los derechos 224
7. La Declaración Universal y la ética pública 235
8. Conclusiones. El futuro de los derechos:
   soberanía y ciudadanía 241

Índice onomástico 249

PRESENTACIÓN

Los derechos humanos, centro de las preocupaciones y controversias contemporáneas, son enfocados desde muy diversas ópticas. Su análisis se hace a través de teorías históricas que se ocupan de su génesis y evolución: filosóficas, dirigidas hacia su fundamentación; sociológicas, tendientes a desentrañar su función dentro de la sociedad y, por último, más no menos importantes, jurídicas, que estudian la incorporación de tales derechos a los órdenes jurídicos nacionales y al derecho internacional. Corresponde principalmente a los filósofos del derecho, los constitucionalistas y los internacionalistas, desarrollar el tema desde el punto de vista de la teoría jurídica, o sea como derechos fundamentales, denominación generalmente aceptada para designar el fenómeno de los derechos humanos positivizados, esto es, incluidos en el ordenamiento jurídico, preferentemente en las constituciones políticas o en las declaraciones y resoluciones de la comunidad mundial.

El autor de esta obra, profesor FRANCISCO JAVIER ANSUÁTEGUI ROIG, se propone hacer un aporte a una teoría jurídica de los derechos humanos, partiendo de la necesaria vinculación conceptual entre derechos, democracia y Estado de Derecho. El sistema democrático y constitucional es evidentemente el marco idóneo para la consagración y realización efectiva de los derechos fundamentales. Para demostrarlo, el autor procede a hacer una exposición sistemática de estos conceptos a fin de poder llegar a definirlos tanto en los diversos modelos de Estado de Derecho, como en la estructura de los derechos fundamentales. Incursiona luego en la problemática del positivismo jurídico y la antigua polémica en torno a la separación del Derecho y la moral. Comparte con HART y PECES-BARBA la idea de un positivismo "suave", que más adelante vinculará con la Declaración Universal de Derechos Humanos y una concepción de la ética pública. Temas todos, como se observa, actuales y controversiales, lo que acrecienta el interés por el presente estudio que la Universidad Externado de Colombia ofrece en su Serie de Teoría Jurídica y Filosofía del Derecho, gracias a la generosa contribución del distinguido profesor español.

FRANCISCO JAVIER ANSUÁTEGUI ROIG es catedrático de la Universidad Carlos III de Madrid, en el Departamento de Derecho Internacional Público, Eclesiástico y Filosofía del Derecho de la Facultad de Ciencias Sociales y Jurídicas; licenciado en Derecho por la Universidad Complutense de Madrid y doctor en Derecho de la Universidad Carlos III, habiendo recibido el premio extraordinario de doctorado en ese mismo centro académico. Es profesor titular de filosofía del derecho en esta Universidad y lo ha sido también en la Universidad de Jaén. Es autor de numerosos libros, entre ellos *Orígenes doctrinales de la libertad de expresión* (Madrid 1994), *Textos básicos de la teoría del derecho* (Madrid 1994), *El positivismo jurídico neoconstitucionalista* (Madrid 1996), *Poder, ordenamiento jurídico, derechos* (Madrid 1997), *Problemas de eutanasia* (Madrid 1999), *Una discusión sobre derechos colectivos* (Madrid 2001) y *Fragmentos de teoría del derecho* (Madrid 2005). Igualmente ha participado en numerosas obras colectivas. Es autor de una larga serie de artículos y reseñas en revistas científicas y en la prensa diaria. El profesor ANSUÁTEGUI es sub-director de la excelente revista *Derechos y Libertades* del

Instituto Bartolomé de las Casas de la Universidad Carlos III de Madrid.

La Universidad Externado de Colombia y particularmente su Serie de Teoría Jurídica y Filosofía del Derecho expresan su reconocimiento al profesor ANSUÁTEGUI por esta valiosa cooperación, que afianza aun más los estrechos nexos entre nuestra Universidad y la Carlos III de Madrid.

Bogotá, agosto de 2007

LUIS VILLAR BORDA

INTRODUCCIÓN

Se reúnen en este volumen algunos de los trabajos que he elaborado durante los últimos años y que son buena muestra de los temas y cuestiones en los que se ha centrado mi interés investigador. En mi opinión, todos ellos adquieren sentido en el marco de una reflexión sobre los rasgos que caracterizan la institucionalización jurídica de los derechos fundamentales. Como el lector podrá observar, los trabajos pueden ser incluidos dentro de lo que podríamos considerar la Teoría jurídica de los derechos que, sin olvidar nunca la caracterización positiva de los mismos, intenta desarrollar un discurso general y crítico.

Creo necesario en este momento mostrar de manera muy sintética el hilo argumental que vincula a los diferentes trabajos aquí recopilados. La institucionalización jurídica de los derechos implica una relación conceptual entre derechos, democracia, y Estado de Derecho. Esta relación, que se articula a través de una recíproca vinculación entre los tres elementos aludidos, constituye una de las ideas-guía que se reproduce de manera recurrente, explícita o implícitamente, en los distintos trabajos recopilados. A partir de lo anterior, he agrupado los diferentes trabajos en dos grandes grupos, referidos respectivamente a las dimensiones internas y a las dimensiones externas de la institucionalización jurídica de los derechos. En la parte referida a las dimensiones internas me planteo, en primer lugar, la relación conceptual entre los derechos fundamentales y el Estado de Derecho, comprensible siempre y cuando se comparta un concepto material o sustancial del mismo ("Las definiciones del Estado de Derecho y los derechos fundamentales", publicado en *Sistema*, n.º 158, 2000). El análisis de los diferentes rasgos de las caracterizaciones formal y material del Estado de Derecho, y la constatación de sus diferentes consecuencias, nos sitúa en óptimas condiciones para analizar la relación que se establece entre el Estado de Derecho y el Estado Constitucional así como el sentido que en el interior del mismo adquiere el discurso sobre la crisis de la ley ("Estado de Derecho, crisis de la ley y Estado Constitucional", V. ZAPATERO [ed.], *Horizontes de la Filosofía del Derecho. Homenaje a Luis García San Miguel*, 2, Universidad de Alcalá de Henares, 2002). Es precisamente en el seno del Estado Constitucional donde se constata de manera evidente la presencia de determinados contenidos y dimensiones morales, que se manifiestan principalmente a través de los derechos fundamentales. Esa presencia está tras el debate que, desde el interior de las propias filas positivistas, se produce en torno a la posibilidad de seguir manteniendo la tesis de la separación conceptual entre el Derecho y la moral ("Positivismo jurídico y sistemas mixtos", que se publicará en el Libro Homenaje a Mario Losano, en prensa).

Si la estructura jurídica del Estado de Derecho constituye el escenario necesario para la puesta en marcha y el correcto funcionamiento de un sistema de derechos en el interior de un Estado, parece justificado plantearse la cuestión de las exigencias implícitas en la articulación de un sistema de derechos que trascienda las fronteras de los Estados. En este sentido, me he preguntado en diversos trabajos por las condiciones y los problemas de la construcción de tal sistema. Así, he planteado algunas dimensiones de la universalidad de los derechos y los rasgos que deberían caracterizar una estructura jurídico política, vinculada a la transnacionalización del Estado de Derecho, y respetuosa por tanto con los derechos ("Derechos y Estado de Derecho: las exigencias de la universalidad", en J. MONLEÓN [ed.], *Europa, final de Milenio*, Madrid, Universidad Carlos III de Madrid y Fundación Instituto Internacional del Teatro del Mediterráneo, 2001). Parece evidente, junto a lo anterior, que cualquier intento de universalizar el Estado de Derecho y los derechos implica la identificación de un mínimo moral común y compartido, referido a un núcleo de derechos. En este contexto he explorado la capacidad de la Declaración Universal de 1948 a la hora de constituir ese núcleo compartido ("La Declaración Universal de Derechos Humanos y la ética pública", *Anuario de Filosofía del Derecho*, XVI, 1999). No obstante, de la misma manera que en el marco estatal los sistemas de derechos descansan sobre la base constituida por los sistemas democráticos participativos, y son parte de ellos, también la presencia de esquemas democráticos y participativos parece imprescindible a la hora de constituir sistemas de derechos que trasciendan las fronteras de los Estados. Esta reflexión ha guiado el análisis crítico que he efectuado en relación con el Proyecto de Constitución Europea ("Constitucionalismo y Constitución Europea", F. J. ANSUÁTEGUI ROIG, J. A. LÓPEZ GARCÍA, A. DEL REAL ALCALA y R. RUIZ RUIZ [eds.], *Derechos fundamentales y valores en un mundo multicultural*, Madrid, Dykinson, 2005).

Es evidente que el trabajo intelectual exige un clima propicio, como aquel del que he podido disfrutar y disfruto tanto en la Universidad Carlos III de Madrid –y en su Instituto de Derechos Humanos "Bartolomé de las Casas"– como en la Universidad de Jaén. Los trabajos que se recopilan en este libro se han beneficiado de los comentarios y discusiones que en los momentos –menos de los que yo desearía– que otras ocupaciones universitarias han permitido, he podido tener con mis compañeros de ambas universidades.

Para mí es una gran satisfacción que esta recopilación de trabajos vea la luz en la colección que dirige el profesor Luis Villar Borda en la Universidad Externado de Colombia, al que le agradezco su ofrecimiento y su gentileza. Quiero agradecer también la amabilidad y los buenos oficios de Andrés Briceño, que ha facilitado la presente publicación.

Dedico el libro a mis hijos, Javier y Álvaro, siendo consciente de que esta es una muy pobre forma de compensarles por el tiempo que, muy a mi pesar, no siempre logro dedicarles.

Majadahonda, 6 de diciembre de 2005

PRIMERA PARTE
DERECHOS Y ESTADO DE DERECHO

CAPÍTULO PRIMERO
LAS DEFINICIONES DEL ESTADO DE DERECHO
Y LOS DERECHOS FUNDAMENTALES

1. *Introducción*

Cuando se propone el tema de las relaciones entre los derechos fundamentales y el Estado de Derecho el ámbito de cuestiones al que podemos estar haciendo referencia es ciertamente amplio. En esta ocasión nos centraremos en la cuestión del lugar que ocupan los derechos fundamentales en el concepto de Estado de Derecho. La posición de la que voy a partir aquí es la siguiente: *sin derechos fundamentales no se puede hablar de Estado de Derecho.*

Ciertamente, como se podrá observar a lo largo de la exposición, esta idea necesita de ulteriores matizaciones o aclaraciones. En el ámbito de las ciencias sociales, en el de las reflexiones sobre la ordenación de la vida social humana (ese es el ámbito en el que adquiere sentido exclusivo el Derecho), en definitiva, en el ámbito en el que el objetivo último de la reflexión es el ser humano y sus conductas, y la necesidad de coordinación intersubjetiva de las mismas de acuerdo con determinados criterios, las afirmaciones tajantes, como lo pudiera parecer la anterior, no son demasiado recomendables. Por ello, suelen ser necesarias matizaciones que bien pueden ayudar a explicar el sentido de lo que se quiere decir. La afirmación según la cual sin derechos fundamentales no se puede hablar de Estado de

Derecho debe ser entendida a la luz de dos afirmaciones ulteriores:

1. Hay diversas clases de derechos fundamentales (se habla al respecto de categorías, de generaciones...), lo cual explica que no todos los derechos responden a un mismo esquema ni en lo conceptual ni en lo que se refiere a las posibilidades técnicas de actuación derivadas.

2. Hay diversos tipos de Estado de Derecho, lo cual supone que, si bien en todos ellos encontramos elementos comunes, entre los que (al menos esa es mi propuesta) se encuentra la presencia de derechos fundamentales, en función de la configuración de esos elementos, podemos hablar de diferentes modelos de Estado de Derecho, tras los cuales se halla la insuprimible presencia de concepciones más amplias.

Hechas esas aclaraciones, me propongo explicar en qué sentido los derechos fundamentales son imprescindibles para poder hablar de Estado de Derecho. Lo haré centrándome en una de las posibles perspectivas desde las cuales se puede enfocar la cuestión. Como sabemos, la idea de "derechos" permite muchas aproximaciones, de igual manera que lo mismo es posible también en relación con el concepto de Estado de Derecho. Estamos en presencia de ámbitos en los que las interrelaciones entre Derecho, moral y política son evidentes. Me interesa en esta ocasión analizar, entre otras cosas y siquiera brevemente, de qué manera la presencia de derechos fundamentales caracteriza el funcionamiento de un específico modo de articulación y ejercicio del Poder político por parte del Estado, que eso es de lo que hablamos cuando hacemos referencia al Estado de Derecho. Porque, si bien es cierto que el Derecho, o al menos un cierto modo de organización de la convivencia humana social, ha acompañado desde siempre al ser humano (*Ubi homo ibi ius, ubi ius ibi homo*) –aunque adquiere rasgos propios y distintivos en la Modernidad–, y también lo es que el Estado es la forma moderna de organización y estructuración del Poder político (al menos en nuestro contexto socio-político-cultural, y por ello podemos pensar en él desde Bodino, Maquiavelo y Hobbes), no lo es menos que la idea de Estado de Derecho no es el mero resultado de cualquier tipo de unión o combinación de los conceptos de Estado y Derecho. Por el contrario, para poder hablar de Estado de Derecho es necesaria una específica articulación de los mecanismos jurídicos y de ejercicio del Poder político en el marco de un determinado Ordenamiento jurídico. Y la tesis que defenderé es que esa articulación viene condicionada por la presencia de un específico tipo de instituciones jurídicas, como son los derechos fundamentales[1].

Cuando afirmamos que sin derechos fundamentales no se puede hablar de Estado de Derecho nos estamos introduciendo, más o menos conscientemente, en el ámbito de los problemas relacionados con la definición del Estado de Derecho. Ello puede parecer más o menos evidente desde el momento en que afirmamos que los derechos fundamentales son un rasgo insuprimible de la definición de dicho concepto. Sin embargo la cuestión se complica cuando nos cercioramos de que el de Estado de Derecho es un *concepto esencialmente controvertido*[2],

---

[1] Cfr. al respecto, A. E. Pérez Luño. *Derechos humanos, Estado de Derecho, Constitución*, 5.ª ed., Madrid, Tecnos, 1995, pp. 212 y ss.

[2] J. L. Cascajo alude en este sentido a que la noción de Estado de Derecho tiene "una constitutiva ambigüedad y (de) una frondosidad conceptual manifestada en sus múltiples acepciones. De ahí su resistencia a una categorización simple y definitiva": "Consideraciones sobre el Estado de Derecho", *Revista de Estudios Políticos*, n.º 189-190, 1973, p. 80.

de lo que se deriva la consecuencia de la inutilidad de emplear con él determinadas estrategias definitorias. En efecto, podría parecer que ciertos desacuerdos respecto de los rasgos básicos, y por tanto respecto del concepto de Estado de Derecho, obedecen en realidad al hecho de que por las partes en contienda se están utilizando definiciones de distinto tipo. Esto es lo que ocurre, en mi opinión, en el caso de la crítica que Eusebio Fernández dirige al concepto de Estado de Derecho propuesto por Elías Díaz. Ello, con independencia de que esos desacuerdos puedan ser también expresión de la existencia de distintas concepciones de un mismo concepto. Pero en esta ocasión no me voy a centrar en esta posibilidad. Además, de la afirmación según la cual los derechos fundamentales son un rasgo del concepto de Estado de Derecho se desprenden consecuencias importantes en lo que se refiere a la estructura normativa, y la articulación, del propio Estado de Derecho. Al respecto, en la última parte del trabajo haré una referencia al modelo de Estado de Derecho propuesto por Luigi Ferrajoli, en el entendido de que dicho modelo ejemplifica bien la incidencia concreta de la presencia de las normas de derechos fundamentales en el Ordenamiento de un Estado de Derecho, y sirve para mostrar las implicaciones normativas y estructurales de la afirmación según la cual sin derechos fundamentales no se puede hablar de Estado de Derecho.

2. Conceptos esencialmente controvertidos y tipos de definiciones

Genaro Carrió señaló hace ya algunos años la estrecha vinculación entre las controversias en las que se enzarzan los juristas y los problemas del lenguaje. Es cierto que los juristas trabajamos con palabras, nuestra herramienta es el lenguaje y los problemas de los términos que lo integran condicionan en gran medida nuestros acuerdos y desacuerdos. En el marco de la Filosofía del Derecho estamos constantemente sometidos a la posibilidad de enfrascarnos en disputas que, en definitiva, obedecen muchas veces casi exclusivamente a falta de acuerdos en el significado básico y compartido que atribuimos a las palabras, términos y conceptos que utilizamos en nuestros discursos. Esto es algo que también puede afectar muy frecuentemente a aproximaciones teóricas que comparten gran parte de nuestro ámbito de estudio y dedicación, como la filosofía política y la filosofía moral, por ejemplo. En efecto, en su trabajo titulado "Lenguaje, interpretación y desacuerdos en el terreno del Derecho"[3], CARRIÓ explicaba, entre otras cosas, que son las peculiaridades propias del lenguaje –recuérdese que, en términos generales, el lenguaje utilizado en el Derecho y por los juristas es un lenguaje natural– las que están detrás de muchas disputas. En ese sentido, afirmaba que dado que el lenguaje está integrado por símbolos conceptuales, "no hay ninguna relación necesaria entre las palabras, por un lado, y, por el otro, los objetos, circunstancias, hechos o sucesos, en relación con los cuales aquellas cumplen sus múltiples funciones"[4]. Por ello, la relación que existe entre los términos del lenguaje y la realidad a la que estos se refieren es convencional. Las definiciones serían el resultado de esas convenciones y nos permitirían identificar los usos "correctos" de los términos. No obstante, la mayor o menor corrección de esos usos,

---

[3] Incluido en G. CARRIÓ. *Notas sobre Derecho y lenguaje*, 4.ª ed. corregida y aumentada, Buenos Aires, Abeledo-Perrot, 1990, pp. 15 y ss.

[4] CARRIÓ. "Lenguaje, interpretación y desacuerdos en el terreno del Derecho", cit., p. 91.

va a venir determinada por la operatividad de los mismos, por la mayor o menor capacidad de generar acuerdo y entendimiento en el empleo del lenguaje. CARRIÓ señalaba que, en ocasiones, el olvido de la naturaleza convencional de los significados de los términos del lenguaje es la causa de determinadas controversias. En efecto, "las palabras no tienen otro significado que el que se les *da* (por quien las usa, o por las convenciones lingüísticas de la comunidad)"[5]. Por ello, y esta es una de las afirmaciones básicas de la aproximación analítica a los problemas del lenguaje, no podemos decir que existan significados consustanciales a los términos del lenguaje. No existe una correspondencia exacta, por tanto, entre una palabra y un único significado. Nada impide que una palabra pueda ser entendida de diferentes modos, que pueda tener distintos significados. Lo cual no implica, en el otro extremo, que seamos absolutamente libres, si queremos permanecer en un ámbito en el que la comprensión sea posible, a la hora de atribuir significados: "Es verdad que quien se vale de una palabra apartándose del significado usual que en contextos análogos ella recibe, o escogiendo como único aceptable uno de los significados usuales con exclusión de los otros, corre el riesgo de que los demás no lo entiendan, o lo entiendan mal, si no hace explícita la estipulación o ella no resulta del contexto"[6]. Los desacuerdos son aún más posibles, e incluso más arriesgados, si los términos que utilizamos tienen una determinada carga emotiva[7].

---

[5] Ibíd., p. 94.
[6] Ibíd., p. 95.
[7] Cfr. ibíd., pp. 22 y ss.

Las anteriores circunstancias están presentes de modo particular en los denominados *conceptos esencialmente controvertidos*, condicionando el acuerdo o desacuerdo en torno a la comprensión y utilización de los mismos. Existen conceptos, que ocupan posiciones nucleares y básicas en los modelos culturales, respecto a los cuales no hay un uso general claramente definido y que se considere correcto por todos. Son términos y conceptos en relación con los cuales no acaban las disputas, ya que los individuos que participan en ellas creen que su interpretación es correcta y que sus argumentos son los más convincentes. En ocasiones, podemos pensar que la prolongación de esos debates se puede deber a condicionantes o causas psicológicas de los intervinientes en los debates, o al mantenimiento por parte de éstos de determinadas posiciones metafísicas. Pero GALLIE afirma que en ciertos casos hay disputas en las que ninguna de las posiciones o explicaciones que se hacen de esos conceptos son necesariamente las únicas correctas. Las disputas en torno a estos conceptos son auténticas; son discusiones que, a pesar de que los argumentos que intervienen en ellas son respetables, no se pueden resolver a través de los mismos. Los conceptos en torno a los cuales se generan estas disputas son "conceptos esencialmente controvertidos" (CEC) (*essentially contested concepts*), que inevitablemente implican controversias sin fin en relación con los usos más convenientes que de ellos pueden hacer los sujetos que intervienen en el debate[8].

---

[8] Cfr. W. B. GALLIE. "Essentially contested concepts", *Proceedings of the Aristotelian Society*, vol. 56, 1955-1956, pp. 167 a 198. Cfr. al respecto también, J. KEKES. "Essentially contested concepts: A reconsideration", *Philosophy and Rhetoric*, vol. 10, n.º 2, 1977, pp. 71 a 89; A. MCINTYRE. "The essential contestability of some social concepts", *Ethics*, 84, 1973-1974, pp. 1 a 9; N.

Para Gallie, los CEC se caracterizan por tener los siguientes rasgos: 1. Deben ser valorativos o evaluativos; tienen una carga valorativa o se refieren a realidades que se valoran, ya sea desde una perspectiva positiva o negativa; 2. Tienen una estructura interna compleja, en el sentido de que están compuestos por distintos elementos a partir de los cuales se configura un conjunto que es precisamente la entidad que recibe una determinada valoración; 3. Los elementos componentes del concepto no tienen una ordenación jerárquica predeterminada: pueden recibir una distinta importancia, con lo cual son posibles comprensiones o perspectivas distintas del concepto; 4. Tienen un carácter abierto: su consideración y su aplicabilidad puede variar en función de circunstancias cambiantes; 5. Además –y esto no sería una característica de los CEC, sino una nota referida a las partes que intervienen en el debate en relación con los mismos, aunque imprescindible para comprender los CEC–, cada parte reconoce que el uso que hace del concepto es contestado por las otras, y cada parte aprecia de alguna manera los diferentes criterios asumidos por las otras; las partes deben ser conscientes de que el uso que se hace del concepto se enfrenta a otros usos, frente a los cuales debe mantenerse.

Según Gallie, las anteriores características, imprescindibles para identificar un CEC, no son suficientes, no obstante, para

---

S. Care. "On fixing social concepts", *Ethics*, 84, 1973-1974, pp. 10 a 21; J. N. Gray. "On the contestability of social and political concepts", *Political Theory*, vol. 5, n.º 3, 1977, pp. 331 a 348; Ch. Swanton. "On the 'essential contestedness' of political concepts", *Ethics*, 95, 1985, pp. 811 a 827. Agradezco a Miguel Ángel Ramiro el haberme suministrado valiosa información sobre esta bibliografía.

diferenciarlos de los conceptos considerados, como resultado de un determinado análisis, *radicalmente confusos*. Para ello, es necesario añadir a las ya señaladas dos condiciones adicionales: 6. Los CEC se deben derivar de un ejemplo cuya autoridad y valor son reconocidos por todos los sujetos que emplean el concepto; 7. El enfrentamiento entre los diferentes usos debe permitir una óptima realización o materialización del ejemplo que se utiliza como punto de partida.

Pues bien, gran parte de los términos en torno a los cuales gira la discusión en el ámbito de la filosofía política y jurídica son conceptos esencialmente controvertidos[9]. En efecto, en los dominios de estas perspectivas se carece de la seguridad que la conexión con la materialidad física permite en otras aproximaciones a la realidad, en donde las posibilidades en los empleos de los términos y conceptos son menores. Junto a esto, no hay que olvidar tampoco que en el ámbito de la filosofía jurídico-política la dimensión ideológica y axiológica adquiere un importante protagonismo. Si a lo anterior añadimos que una

---

[9] Existen posiciones encontradas en torno al valor y a la utilidad de estos conceptos. Así, por ejemplo, J. KEKES afirma que "el gran interés e importancia de los CEC es que comprender que hay conceptos cuya naturaleza misma requiere constantes debates sobre su correcto uso permite comprender cuestiones muy importantes en relación con muchos problemas filosóficos": "Essentially contested concepts: A reconsideration", cit., p. 86. Por su parte, A. PINTORE, señala sus dudas con respecto a que "dicha noción, a pesar de su fortuna, sirva para identificar una categoría de conceptos dotados de alguna especificidad semántica o pragmática; su utilidad analítica, me parece, es sólo aquella, banal, de recordarnos que sobre algunos conceptos filosóficamente cruciales las disputas no se acaban nunca": "Democracia sin derechos. En torno al Kelsen democrático", *Doxa* n.º 23, 2000, p. 132, n. 48.

de las funciones de la filosofía del Derecho es la aproximación crítica a los conceptos y definiciones elaborados por la dogmática, podemos comprender por qué gran parte de las disquisiciones en aquel ámbito lo son en torno a CEC; y parece claro que el concepto de Estado de Derecho es un caso de CEC, de la misma manera que también lo son el de democracia o el de justicia, por ejemplo. Algún escéptico respecto de la utilidad del recurso a los CEC podría pensar que en realidad en el ámbito de la filosofía del Derecho siempre trabajamos en torno a conceptos controvertidos, ya que en relación con muchos de ellos se genera discusión. En todo caso, creo que la simple discusión no es un indicio suficiente que nos permita afirmar que estamos ante un CEC. Hay que tener presentes, entre otros rasgos, el carácter nuclear que el concepto en cuestión debe desempeñar en un determinado ámbito cultural y su dimensión valorativa. En todo caso, la estrategia consistente en acudir a esta figura para mostrar el contexto de descubrimiento de determinados desacuerdos me parece fructífera.

Pero antes de justificar la idea según la cual el de Estado de Derecho es un CEC, puede resultar interesante aludir, aunque brevemente, a una tipología básica de las definiciones, con la finalidad de llegar a alguna conclusión sobre la clase de definiciones más útiles respecto a los CEC.

Cuando nos planteamos la cuestión de la definición de conceptos jurídicos y políticos, nos desenvolvemos en un terreno muy movedizo. Creo que se debe tener en cuenta, como señaló SCARPELLI, que "no existe la *definición* de un concepto, sino *posibles definiciones* y elecciones entre definiciones; y que las controversias sobre definiciones consisten a menudo de una mezcla de desacuerdos sobre la elección de definiciones y de disensos sobre las cosas a las que las definiciones se refieren"[10]. En todo caso, la naturaleza convencional del lenguaje nos obliga a actuar con cautela[11]. Y más aún en un ámbito como el nuestro en el que los conceptos "no tienen la directa conexión con contrapartidas en el mundo empírico que caracteriza a las palabras más usuales y a las cuales recurrimos en nuestras definiciones de palabras habituales"[12]. Como bien expresó HART, la "gran anomalía del lenguaje jurídico" (ese es nuestro ámbito) es "nuestra incapacidad para definir sus expresiones más cruciales en términos de contrapartidas fácticas ordinarias"[13].

Aunque en su libro *Definition*, RICHARD ROBINSON señaló hasta dieciocho tipos de definiciones[14], no es el objetivo de este artículo, y tampoco es necesario para nuestros fines, analizar todas esas especies. Con independencia de las particularidades de las restantes, el propio ROBINSON reconoce que existen dos criterios básicos a la hora de clasificar las definiciones: el objetivo y el método, lo que se intenta conseguir con la definición, de un lado, y el medio a través del cual se intenta conseguir ese objetivo, de otro[15]. En relación con el primer criterio, la "*supreme division*" y la más consolidada es la que distingue entre definiciones reales y definiciones nominales.

---

[10] U. SCARPELLI. *Il problema della definizione e il concetto di diritto*, Milano, Istituto Editoriale Cisalpino, 1955, p. 37.
[11] Cfr. SCARPELLI. *Il problema della definizione e il concetto di diritto*, cit., p. 49. También al respecto, C. S. NINO. *Derecho, moral y política*, Barcelona, Ariel, 1994, pp. 23 y ss.
[12] H. L. A. HART. "Definición y teoría en la ciencia jurídica", en ÍD. *Derecho y moral. Contribuciones a su análisis*, G. CARRIÓ (trad. y nota preliminar), Buenos Aires, Depalma, 1962, p. 97.
[13] Ibíd., p. 102.
[14] Cfr. R. ROBINSON. *Definition*, Oxford, Clarendon Press, 1954, p. 7.
[15] Cfr. ibíd., p. 15.

Así, las definiciones *reales* son aquellas que tienen por objeto cosas o entidades extralingüísticas, mientras que las *nominales* tienen por objeto nociones, vocablos o expresiones. VITTORIO VILLA ha señalado a este respecto que en la cultura filosófica contemporánea la aceptabilidad de las definiciones reales plantea importantes problemas, desde el momento en que se afirma que las definiciones no pueden traspasar los límites del lenguaje para captar directamente la realidad o las características esenciales de los objetos, por ejemplo[16]. En este sentido, lo anterior debe servir para llamar la atención sobre el peligro que tiene operar en el marco de las ciencias sociales con definiciones "reales", que son aquellas consistentes, entre otras cosas, en "la determinación de la esencia de la cosa definida"[17]. Intentar definiciones reales de términos como libertad, democracia, justicia, Estado de Derecho, y predicar ciertas condiciones constitutivas de la esencia de dichos conceptos puede suponer un abuso de la fuerza emotiva de dichos términos[18]; por eso, señaló SCARPELLI, "quien se toma en serio la idea de la definición real, y busca decir lo que sea la esencia o la sustancia de las cosas, se embarca en una de las más desesperadas empresas filosóficas, de las que no han desembarcado con éxito, ni podían hacerlo, las mentes más privilegiadas, desde PLATÓN y ARISTÓTELES en adelante"[19]. No es mi intención intentar tal aventura.

---

[16] Cfr. V. VILLA. *Conoscenza giuridica e concetto di diritto positivo*, Torino, Giappichelli Editore, 1993, p. 13.
[17] SCARPELLI. *Il problema della definizione e il concetto di diritto*, cit., p. 58. Sobre las distintas comprensiones de la definición real, cfr. ROBINSON. *Definition*, cit., pp. 152 y ss.
[18] Cfr. SCARPELLI. *Il problema della definizione e il concetto di diritto*, cit., p. 62.
[19] Ibíd., p. 63.

Por su lado, las definiciones nominales serían aquellas cuyo objeto es determinar las reglas de uso de un fragmento del lenguaje, y que indican: 1. La sustitución de una palabra por una sinónima o por una que se la considera equivalente, o 2. La explicación de una noción mediante expedientes más complejos, que bien pueden consistir en clasificaciones, descripciones, observaciones, ejemplos, etc.[20]. En este sentido señala ROBINSON que las definiciones nominales pueden ser *word-word definitions* o *word-thing definitions*, dependiendo de la estrategia seguida en cada caso. Las primeras señalan que una palabra significa lo mismo que otra, mientras que las segundas relacionan una palabra con una cosa para mostrar su significado. En lo sucesivo nos vamos a centrar en las *word-thing definitions*.

Dependiendo de la función que las definiciones intentan desarrollar al atribuir un significado, ROBINSON distingue, dentro de las nominales, las definiciones *léxicas*, y las *estipulativas*, a las que habría que añadir, siguiendo a SCARPELLI, las *explicativas*.

Las definiciones *léxicas* son aquellas que describen los usos y empleos que reciben los términos al ser utilizados en el lenguaje en el marco de determinados contextos. En este sentido son "una forma de historia"[21], nos ofrecen información sobre la manera en que ciertas personas entienden un determinado término en un contexto espacial y temporal más o menos definido. El criterio de corrección aplicable en este caso es el de la correspondencia, mayor o menor, entre la regla de uso identificada por la definición y el uso efectivo que se hace del término en cuestión. De acuerdo con ello tiene sentido predicar

---

[20] Cfr. VILLA. *Conoscenza giuridica e concetto di diritto positivo*, cit., p. 14.
[21] ROBINSON. *Definition*, cit., p. 35.

la verdad o falsedad de estas definiciones. No obstante, como señala SCARPELLI, ni siquiera la certeza de las definiciones léxicas puede ser probada con exactitud[22], ya que el lenguaje o, más concretamente, las reglas de uso del lenguaje, siempre están evolucionando. Los ámbitos de intensión y extensión de los términos no son fijos e invariables. Por ello, nunca podemos llegar a tener una absoluta certeza sobre la exactitud de la nómina de usos o significados recogidos por las definiciones léxicas[23].

Por su parte, las definiciones *estipulativas* son las que establecen y prescriben nuevos usos atribuibles a los términos, con independencia de las reglas que hasta el momento han venido siendo utilizadas. En ese sentido actúan como auténticas reglas constitutivas de una determinada práctica. Como señala SCARPELLI, "podemos crear nuevas expresiones, atribuyéndoles nuevos significados, o, si nos gusta, atribuir a nuevas expresiones viejos significados o nuevos significados a viejas expresiones"[24]. Por eso, se afirma que, mientras que el sujeto que construye una definición léxica funciona como un historiador, el que lleva a cabo una definición estipulativa actúa como si fuera un legislador[25]:

---

[22] "Esta definición, más allá de la hipótesis en la que se refiere al uso lingüístico de una sola persona en un solo caso, corresponde a los usos lingüísticos efectivos de manera sólo relativa, ya que el lexicógrafo no puede retener todos los matices y sutilezas de cada uso, pero debe construir definiciones capaces de recoger una pluralidad de usos. La semántica y la sintáctica son [...] disciplinas que proceden por abstracción": SCARPELLI. *Il problema della definizione e il concetto di diritto*, cit., p. 65.

[23] Cfr. ROBINSON. *Definition*, cit., pp. 52 a 58. En relación con la intensión y extensión de los conceptos, cfr. M. BUNGE. *La investigación científica*, 2.ª ed. corregida, M. SACRISTÁN (trad.), Barcelona, Ariel, 1985, pp. 84 y ss.

[24] SCARPELLI. *Contributo alla semantica del linguaggio normativo*, cit., p. 65.

[25] Cfr. ROBINSON. *Definition*, cit., pp. 59 y 60.

establece significados y reglas de uso de los mismos, no se limita a constatar lo ya existente, sino que presenta propuestas *a futuro*, resultado de elecciones deliberadas y conscientes. Eso se consigue a través de definiciones estipulativas, cuya corrección, al estar basada en una elección, en una estipulación de la que se desprende un sentido normativo, depende no de su verdad o falsedad, sino, por ejemplo, de su oportunidad o inoportunidad o, por ejemplo, del hecho de que a través de esa definición se logren los objetivos pretendidos. En relación con estas definiciones estipulativas, tampoco se las debe confundir con definiciones arbitrarias o caprichosas, ya que "la elección de la definición está guiada y limitada por el fin que se pretende alcanzar al definir"[26]. Por ello, se impone un uso prudente de las mismas[27].

---

[26] SCARPELLI. *Il problema della definizione e il concetto di diritto*, cit., p. 65. ROBINSON afirma que, en comparación con las definiciones léxicas, las estipulativas tienen un componente de arbitrariedad de las que aquellas carecen, ya que en este caso, establecemos que una palabra signifique determinada cosa, mientras que en aquel, nos limitamos a comprobar qué cosa significa determinada palabra utilizada por determinadas personas. No obstante, si partimos de la idea según la cual no existe conexión necesaria entre una cosa y una palabra, excepto que esa palabra es utilizada por los sujetos para definir esa cosa, podríamos afirmar que ambas, las léxicas y las estipulativas, tienen un componente de arbitrariedad. En realidad, es una nota común a las definiciones nominales, que, a diferencia de las reales, no están interesadas en identificar a través de la definición la esencia de las cosas, asumiendo por tanto la posibilidad de márgenes de libertad a la hora de establecer la relación entre *definiens* y *definiendum*. Cfr. *Definition*, cit., pp. 65 y 66.

[27] "... constituye un buen instrumento para la mejora de los lenguajes técnicos, cuando exista un conjunto de especialistas dispuestos a aceptar, en consideración a su utilidad en orden a los fines de su trabajo, los significados propuestos con buenas razones pragmáticas": SCARPELLI. *Il problema della definizione e il concetto di diritto*, cit., p. 65.

Las definiciones *explicativas* ocuparían una posición intermedia entre las anteriores, compartiendo caracteres de ambas: por una parte, están vinculadas a las reglas de uso y a los significados que son compartidos por los miembros de una determinada comunidad y, por otra, implican una reordenación y simplificación de usos y significados confusos e imprecisos. Creo que la explicación que de las mismas ofrece SCARPELLI es clara: "La definición explicativa busca, como la definición léxica, corresponder al uso; pero a diferencia de la definición léxica, no se esfuerza por recopilar todas las variedades y transformaciones del uso; más bien quiere captar los significados usuales y acotarlos y eventualmente reajustar y reelaborar el núcleo de mayor importancia y valor operativo, para llegar a un instrumento semántico eficiente y preciso capaz de ofrecer en la situación cultural en la que será empleado claridad y orientación"[28].

---

[28] SCARPELLI. *Cos'è il positivismo giuridico*, cit., 14. Cfr. también A. E. PÉREZ LUÑO. *Teoría del Derecho. Una concepción de la experiencia jurídica*, Madrid, Tecnos, 1997, p. 35. Anteriormente, SCARPELLI reconocía que existen casos intermedios entre la definiciones léxicas y las estipulativas. Así, las *redefiniciones* se dan cuando "permaneciendo en el ámbito de los usos preexistentes, se determina de modo unívoco y preciso el significado de una expresión, que no era utilizada de un modo unívoco y preciso. Se puede extender el nombre de 'redefinición' también al caso en el que se da a una expresión un significado que no ha tenido nunca, pero próximo al significado o a la gama de significados que tenía en usos precedentes. La redefinición, es, como la definición estipulativa, objeto de una elección, pero se caracteriza por el señalado parentesco con los usos preexistentes": *Contributo alla semantica del linguaggio normativo*, cit., p. 66. Sin embargo, en escritos posteriores, reconoce a la redefinición como una especie de la definición estipulativa: "Cuando el uso, prescrito con una definición estipulativa, está vinculado a usos precedentes, como ocurre cuando la definición precisa o modifica el significado en el que el término definido es habitualmente usado, hablo de

Por eso se afirma que mientras que la definición léxica mira al pasado y la estipulativa mira al futuro, la explicativa "parte de los usos lingüísticos pasados para dirigirse a los usos lingüísticos futuros y, manteniendo los instrumentos semánticos del pasado, mejorarlos en la forma y en la función"[29]. La corrección de la definición en este caso viene determinada por la conjugación de la correspondencia con las reglas de uso pasadas y de la correspondencia entre el significado que se atribuye de un lado y la función a desempeñar, de otro.

No todos los tipos de definiciones son igualmente operativos en todas las circunstancias. Por lo que a nosotros nos interesa en este momento, ni las definiciones léxicas ni las estipulativas son útiles en relación con los CECs[30]. En relación con las primeras, hay que tener en cuenta que en ocasiones el núcleo de significados compartidos en los CECs no es muy amplio, lo cual puede contribuir a dificultar el acuerdo en torno a los contextos y condiciones en los que los términos se pueden y se deben utilizar. Por lo que se refiere a las definiciones estipulativas, en las que el componente convencional es básico, éste, a la vez, es incompatible con el puesto nuclear que ocupan estos concep-

---

'redefinición'. La definición estipulativa, con la especie de la redefinición, forma parte de las técnicas de las que se valen los hombres para precisar el lenguaje, enriquecerlo, adaptarlo en general a los usos para los que se valen de él": "La definizione nel diritto", en AA. VV. *Diritto e analisi del linguaggio*, U. SCARPELLI (ed.), Milano, Edizioni di Comunità, 1976, p. 192. Por su parte, M. JORI y A. PINTORE señalan que las redefiniciones son un caso especial de definiciones estipulativas: cfr. *Manuale di Teoria generale del Diritto*, cit., p. 4. Coincidiendo con JORI y PINTORE, ROBINSON. *Definition*, cit., p. 61.

[29] Ibíd. Cfr. al respecto PÉREZ LUÑO. *Teoría del Derecho. Una concepción de la experiencia jurídica*, cit., p. 35.

[30] Cfr. VILLA. *Conoscenza giuridica e concetto di diritto positivo*, cit., pp. 17 y ss.

tos en determinados ámbitos culturales: existen unos mínimos que no es posible ignorar como resultado de una convención. Por ejemplo, VITTORIO VILLA, partiendo de la consideración del concepto de Derecho como CEC, se pregunta qué tipo de utilidad cultural tendría una definición rigurosa de ese concepto, que excluyera de su ámbito de referencia, por ejemplo, a las normas emanadas del poder legislativo[31]. A partir de lo anterior parecería aceptable la conclusión según la cual las definiciones explicativas son las más útiles para establecer el significado de los CEC.

El siguiente paso que tenemos que dar es el que consiste en la consideración del concepto de Estado de Derecho como un CEC. Propongo para ello recurrir a la identificación que VITTORIO VILLA efectúa del concepto de Derecho como CEC, estableciendo una argumentación similar para el de Estado de Derecho[32]. En efecto, parece claro que el concepto de Estado de Derecho es intrínsecamente controvertido. Siendo una de las claves de la filosofía jurídica y política contemporánea, sus rasgos y caracteres continúan siendo discutidos. Buena muestra de ello es, por ejemplo, la crítica que dirige EUSEBIO FERNÁNDEZ a la propuesta de ELÍAS DÍAZ, a la que me referiré posteriormente. La caracterización del concepto de Estado de Derecho como CEC parte en primer lugar del hecho de que dicho concepto implica en todo caso consideraciones de carácter valorativo con respecto al objeto al que se le aplica, en este caso, una determinada organización jurídico-política. En este sentido, podríamos reconocer que, en términos generales, la identificación de una

---

[31] Ibíd., p. 17.
[32] Cfr. ibíd., pp. 25 a 26.

organización de ese tipo como Estado de Derecho implica un juicio positivo respecto de ella. Junto a esto, la construcción del concepto responde a las aportaciones de concepciones filosóficas generales, que encuentran una de sus concreciones en el mismo. Además, y siendo conscientes de la existencia de diferencias, y divergencias, interpretativas, siempre pervive un núcleo conceptual compartido que permite un mínimo de comprensión en los discursos intersubjetivos en los que el concepto se emplea. Posiblemente, la idea de imperio de la ley, en el sentido del sometimiento de los Poderes públicos (y de los particulares) al Derecho, la idea del gobierno de las leyes frente al gobierno de los hombres constituye ese núcleo, al que habría que añadir, en función de las concepciones que se mantengan al respecto, la garantía de un sistema de derechos. Por último, las diferencias interpretativas, por muy fuertes que sean, no pueden ser eliminadas acudiendo a criterios de verdad/falsedad. No obstante, el hecho de que esas diferencias no sean de fácil resolución no debe llevarnos a la necesaria conclusión de que en todos y cada uno de los casos en los que éstas se dan estemos ante meras disputas terminológicas o, incluso, irracionales.

Habiendo analizado las anteriores cuestiones, a continuación propongo abordar la crítica que EUSEBIO FERNÁNDEZ dirige al concepto de Estado de Derecho propuesto por ELÍAS DÍAZ, en clave de desacuerdo provocado por la utilización de diferentes tipos de definición del concepto[33].

---

[33] Cfr. E. FERNÁNDEZ. "Hacia un concepto restringido de Estado de Derecho", *Sistema*, 138, 1997, pp. 101 y ss. No me centraré por tanto en las diferentes perspectivas ideológicas que se pueden encontrar tras el mantenimiento de distintas concepciones del Estado de Derecho. Mi intención aquí es, con

3. Modelos de Estado de Derecho y tipos de definiciones

Me parece que un buen punto de partida a la hora de analizar la inclusión de los derechos fundamentales en la idea de Estado de Derecho puede venir constituido por la ya clásica aportación de Elías Díaz. En efecto, es bien conocido que su libro *Estado de Derecho y sociedad democrática* comienza con estas palabras: "No todo Estado es Estado de Derecho. Por supuesto es cierto que todo Estado crea y utiliza un Derecho, que todo Estado funciona con un sistema normativo jurídico. Difícilmente cabría pensar hoy un Estado sin Derecho, un Estado sin un sistema de legalidad. Y, sin embargo, decimos, no todo Estado es Estado de Derecho; la existencia de un orden jurídico, de un sistema de legalidad, no autoriza a hablar sin más de Estado de Derecho. Designar como tal a todo Estado por el simple hecho de que se sirve de un sistema normativo jurídico constituye una imprecisión conceptual y real que sólo lleva –a veces intencionadamente– al confusionismo"[34]. En mi opinión, la anterior cita resume bien la idea que aquí se quiere defender: para poder hablar de Estado de Derecho hace falta algo más, mejor dicho, mucho más, que un sistema de lega-

---

independencia de lo anterior, enfocar el desacuerdo como un desacuerdo provocado en realidad por el recurso a estrategias definitorias diferentes. E. Fernández ha vuelto sobre la cuestión, subrayando, en mi opinión, en mayor medida las coincidencias con Elías Díaz, en el "Apéndice" a la versión de "Hacia un concepto restringido de Estado de Derecho", en J. A. López García y J. A. Del Real (eds.). *Los derechos: entre la ética, el poder y el Derecho*, Madrid, Dykinson, 2000, pp. 118 a 122.

[34] E. Díaz. *Estado de Derecho y sociedad democrática*, Cuadernos para el Diálogo, Madrid, 1973, p. 13.

lidad. Es necesaria la presencia de una dimensión sustancial que se identifica básica y principalmente con la protección y garantía de derechos fundamentales.

ELÍAS DÍAZ señala que cuatro son las condiciones o rasgos que deben acompañar a todo Estado de Derecho: 1. Imperio de la ley; 2. División de poderes; 3. Legalidad de la Administración; 4. Derechos y libertades fundamentales. Estos cuatro rasgos son de imprescindible presencia para poder identificar a un sistema jurídico-político como Estado de Derecho. No obstante, a partir de la variación y configuración concreta de estos rasgos, que constituyen el "coherente contenido básico esencial" del Estado de Derecho[35], podemos identificar varios tipos o modelos de Estado de Derecho. ELÍAS DÍAZ alude a tres: el liberal, el social y el democrático. Podemos considerar que el criterio referido a la protección y garantía de los derechos vale de manera adecuada para identificar respectivamente a cada uno de los tres modelos de Estado de Derecho. En efecto, y con independencia de las particularidades de los otros tres rasgos –cuestión ésta en la que ahora no vamos a entrar[36]–, el Estado de Derecho liberal se caracteriza básicamente por la presencia de los derechos liberales o autonomía, el social por la de los derechos sociales o prestacionales[37], y el democrático conlleva el perfeccionamiento de los mecanismos de participación política y por

---

[35] Cfr. E. DÍAZ. "Estado de Derecho: exigencias internas dimensiones sociales", *Sistema*, n.º 125, 1995, p. 11.

[36] Vid. un desarrollo de los mismos en DÍAZ. "Estado de Derecho: exigencias internas dimensiones sociales", cit.

[37] Siendo conscientes de que no todos los derechos sociales implican técnicas de prestación y de que no todos los derechos prestacionales son derechos sociales.

lo tanto de la democracia. Aún más, ELÍAS DÍAZ ya señaló hace algunos años la prioridad del cuarto elemento, el referido a los derechos, respecto a los otros: "lo esencial (digámoslo así, con palabras graves) del Estado de Derecho es, precisamente, la lucha contra la arbitrariedad y el despotismo del poder político en nombre, precisamente, de la defensa de los derechos humanos y las libertades fundamentales"[38].

De manera que, y muy resumidamente, de la propuesta de ELÍAS DÍAZ se pueden extraer determinadas conclusiones básicas: 1. Para poder hablar de Estado de Derecho hacen falta determinados requisitos, y 2. En función de esos requisitos, no exclusiva aunque sí principalmente, podemos hablar de determinados modelos de Estado de Derecho. Esos modelos son originariamente históricos, como el propio concepto de Estado de Derecho, y además no se deben entender como contradictorios entre sí. En efecto, el modelo liberal es el primero que aparece en la historia y posteriormente es complementado por las aportaciones del modelo social. Por su parte, el modelo democrático, de acuerdo con la propuesta de ELÍAS DÍAZ, se presenta como una meta a alcanzar[39].

El Estado de Derecho liberal es la "forma histórica inicial del Estado sometido a control jurídico"[40]; señala ELÍAS DÍAZ que es

---

[38] E. DÍAZ. "El Estado democrático de Derecho y sus críticos izquierdistas", en ÍD. *Legalidad-legitimidad en el socialismo democrático*, Madrid, Civitas, 1978, p. 150; y continúa señalando que los otros rasgos "no son sino expedientes propios del Estado de Derecho que se juzgan aptos [...] para lograr una eficaz garantía y protección de los que en cada momento histórico se consideran mayoritariamente como derechos y libertades humanas fundamentales" (p. 151).

[39] Cfr. DÍAZ. *Estado de Derecho y sociedad democrática*, cit., p. 177.

[40] Ibíd., p. 16.

una "conquista histórica irreversible [...] [S]u insistencia en el respeto a la legalidad por parte de todos, incluidos los gobernantes, su afirmación de ser la ley un producto de la soberanía nacional y no una decisión personal de un dictador o de un monarca absoluto, su lucha por los derechos y libertades del hombre, constituyen también otras tantas aportaciones válidas que precisamente se recogen en el concepto de Estado de Derecho"[41]. A partir de lo anterior se colige que, en todo caso, entre el modelo liberal y el social no debe entenderse que exista una relación de absoluta contradicción, sino más bien de corrección, ya que las iniciales coordenadas son "básicamente liberales, pero incoativamente democráticas"[42]. La materialización de las exigencias del modelo social no implica hacer tabla rasa de los contenidos del modelo liberal, despreciando así el valor, y la necesidad, de sus conquistas históricas, ya que el modelo liberal constituye "un punto válido de arranque"[43] en el proceso de democratización implícito en la idea de Estado de Derecho. Podemos reconocer que los que en la actualidad identificamos como Estados sociales de Derecho incluyen contenidos del Estado liberal de Derecho. A las estructuras de éste se le añaden las de aquel. Esto se puede comprender si se es consciente también de que los tipos o generaciones de derechos no son excluyentes entre sí.

A partir de esta caracterización e interpretación de la propuesta de ELÍAS DÍAZ, puede ser interesante hacer referencia a algunos análisis que se han desarrollado en relación con la misma.

---

[41] Ibíd., p. 26.
[42] E. DÍAZ. *Curso de filosofía del Derecho*, Madrid, Marcial Pons, 1998, p. 102.
[43] ÍD. *Estado de Derecho y sociedad democrática*, cit., p. 40.

En efecto, la posición de Elías Díaz, siendo un punto de referencia, ha sido sometida a distintas revisiones y críticas. En este momento, destacaré la de Eusebio Fernández que, en su trabajo "Hacia un concepto restringido de Estado de Derecho", ya señalado, explicita dos objetivos: de un lado, delimitar lo que se consideraría imprescindible para definir en qué consiste el Estado de Derecho y, por otro, llamar la atención sobre ciertas formas de "desnaturalizar" el Estado de Derecho. Con respecto al primer objetivo, el de determinar los rasgos básicos e irrenunciables del Estado de Derecho, Eusebio Fernández señala que "la configuración básica e inamovible del propio Estado de Derecho" es "el imperio de la ley y el sometimiento del Estado y sus poderes en todas sus actuaciones a la más estricta legalidad"[44]. Precisamente, tomando este punto de partida, se critican determinadas deformaciones del Estado de Derecho, que son identificadas con dos básicas, provenientes en un caso del neoliberalismo y en otro del socialismo democrático. Me centraré en este segundo caso, ya que el autor al que se hace principal referencia es Elías Díaz.

Eusebio Fernández toma como punto de partida a Hayek para su caracterización inicial del Estado de Derecho, cuando éste afirma: "Nada distingue, con más claridad, las condiciones de un país libre de las que rigen en un país bajo un gobierno arbitrario que la observancia, en aquel, de los grandes principios conocidos bajo la expresión Estado de Derecho. Despojada de todo su tecnicismo, significa que el Estado está sometido en todas sus acciones a normas fijas y conocidas de antemano; normas

---

[44] Fernández. "Hacia un concepto restringido de Estado de Derecho", cit., p. 107.

que permiten a cada uno prever con suficiente certidumbre cómo usará la autoridad en cada circunstancia sus poderes coercitivos, y disponer los propios asuntos individuales sobre la base de este conocimiento"[45]. De lo anterior, parece claro que se puede extraer que el Estado de Derecho se asienta sobre el principio de legalidad y la seguridad jurídica que la vigencia de éste produce[46]. El Estado de Derecho es por tanto, en primer lugar, imperio de la ley, primacía del Derecho[47]. Sin embargo, para hablar de Estado de Derecho no podemos hacer referencia a cualquier

---

[45] HAYEK. *Camino de servidumbre*, J. VERGARA (trad.), Madrid, Alianza, 1978, p. 103.

[46] H. HELLER explica las bases sociales, políticas y espirituales del Estado de Derecho subrayando la vinculación entre imperio de la ley y seguridad jurídica: " seguridad del tráfico o seguridad jurídica se hacen posibles merced a una intensificación en la calculabilidad y en la acomodación a planes conseguida en las relaciones sociales. Porque esa calculabilidad puede alcanzarse solamente si las relaciones sociales y ante todo las económicas se someten en medida creciente a un orden unitario, esto es, a una normación desde un punto central del territorio": "¿Estado de Derecho o dictadura?", en ÍD. *Escritos políticos*, GÓMEZ DE ARTECHE (trad.), Madrid, Alianza, 1985, p. 284.

[47] La crisis de la idea roussoniana de ley, entendida como norma general y abstracta, obliga, creo, a entender en la actualidad el imperio de la ley en un sentido amplio, como imperio del Derecho, que significa en última instancia sometimiento a la Constitución. En relación con la crisis del concepto de ley, cfr., entre nosotros, L. HIERRO. "El imperio de la ley y la crisis de la ley", en ÍD. *Estado de Derecho. Problemas actuales*, México, Fontamara, 1998, pp. 17 y ss.; L. PRIETO SANCHÍS. "Del mito a la decadencia de la ley. La ley en el Estado constitucional", en ÍD. *Ley, principios, derechos*, Madrid, IDHBC y Dykinson, 1998; M. GASCÓN ABELLÁN. "El imperio de la ley. Motivos para el desencanto", *Jueces para la Democracia*, n.º 32, 1998, pp. 25 y ss.; E. GARCÍA DE ENTERRÍA. *Justicia y seguridad jurídica en un mundo de leyes desbocadas*, Madrid, Civitas, 1999, en especial pp. 37 a 52.

tipo de Derecho. EUSEBIO FERNÁNDEZ alude así a una *legalidad selectiva*[48]. Esa legalidad es selectiva ya que es cualificada en cuanto a su origen (el "principio democrático" frente a la mera comprensión de la legalidad como antítesis de la arbitrariedad[49]), y en cuanto a su contenido (valores, derechos fundamentales). Creo que en estas dos afirmaciones –imperio de la ley y legalidad selectiva– hay plena coincidencia entre EUSEBIO FERNÁNDEZ y ELÍAS DÍAZ. Este afirma por una parte que "el Estado de Derecho es el Estado sometido al Derecho, o mejor, el Estado cuyo poder y actividad vienen regulados y controlados por la ley"[50]; y por otro, que "las ideas de control jurídico, de regulación desde

---

[48] Cfr. FERNÁNDEZ. "Hacia un concepto restringido de Estado de Derecho", cit., p. 102. No obstante, creo que en el artículo de FERNÁNDEZ se pueden observar planteamientos diferentes. En efecto, se toma como punto de partida la señalada cita de HAYEK, en donde no se hace ningún tipo de referencia a esa idea de legalidad selectiva a la que se alude posteriormente, y, sin embargo, con posterioridad se afirma que "este Estado [el de la definición de HAYEK] se queda muy corto en relación con las exigencias que adornan al Estado de Derecho" (ibíd.). Posiblemente, me planteo, el problema puede estar en la elección de HAYEK como punto de partida. Cfr. al respecto la crítica que le dirige G. PISARELLO en "Por un concepto exigente de Estado de Derecho (A propósito de un artículo de Eusebio Fernández)", *Sistema*, 144, 1998, pp. 99 a 100. Al mismo tiempo, no creo que sea correcta la afirmación de PISARELLO según la cual, para FERNÁNDEZ, "el Estado de Derecho *no sería más* que el imperio de la ley y el sometimiento del Estado y sus poderes en todas sus actuaciones a la más estricta legalidad" (p. 99, cursivas mías). Cuando FERNÁNDEZ se refiere a esta idea, hace alusión a "la configuración básica e inamovible del propio Estado de Derecho" (p. 107), lo cual no excluye que, a partir de ahí, se recurra al segundo elemento, el de la legalidad selectiva, vinculado a la constitucionalización de derechos fundamentales.

[49] Cfr. F. J. LAPORTA. "Imperio de la ley. Reflexiones sobre un punto de partida de Elías Díaz", *Doxa*, n.º 15-16, vol. I, 1994, p. 138.

[50] DÍAZ. *Estado de Derecho y sociedad democrática*, cit., p. 13.

el Derecho de la actividad estatal, de limitación del poder del Estado por el sometimiento a la ley, aparecen, pues, como centrales en el concepto del Estado de Derecho, *en relación siempre con el respeto al hombre, a la persona humana y a sus derechos fundamentales*"[51]. El Estado de Derecho está sometido a una doble vinculación: por una parte, a la ley entendida como expresión de la voluntad general; por otra, a los derechos fundamentales, considerados el núcleo del sistema de legitimidad en que se basa el Estado de Derecho: se afirma así que "el establecimiento jurídico-constitucional de los derechos humanos fundamentales aparece, en efecto, como eje de todo Estado de Derecho. Lo que, en definitiva, éste pretende, frente al Estado absoluto del *ancien régime* y frente a todo Estado totalitario, es la protección, garantía y realización de los derechos humanos y de las libertades fundamentales a aquéllos conexionadas"[52].

En efecto, el del Estado de Derecho es un Derecho específico. Esa legalidad selectiva hace referencia a un Derecho que no puede entenderse sin la "emigración de contenidos morales al interior del Derecho" o la "rematerialización" a la que han aludido JÜRGEN HABERMAS y MASSIMO LA TORRE[53], entre otros. Es un Derecho atento y sensible a determinados valores y a los derechos fundamentales. Creo que la idea ya se encuentra en el artículo 16

---

[51] Ibíd., p. 14 (cursivas mías).
[52] Ibíd., p. 39. En sentido similar, cfr. S. GOYARD-FABRE. *Les principes philosophiques du droit politique moderne*, Paris, Presses Universitaires de France, 1997, p. 261.
[53] Cfr. J. HABERMAS. *Facticidad y validez*, M. JIMÉNEZ REDONDO (trad.), Madrid, Trotta, 1998, pp. 276 y 319; M. LA TORRE. "Derecho y conceptos de Derecho. Tendencias evolutivas desde una perspectiva europea", *Revista del Centro de Estudios Constitucionales*, 16, 1993, pp. 67 y ss.

de la Declaración de 1789, cuando se afirma que "toda sociedad en la cual la garantía de los derechos no está asegurada ni la separación de poderes establecida, no tiene Constitución". Sin esa legalidad selectiva no se puede hablar de Estado de Derecho. La diferencia entre la propuesta de Eusebio Fernández y la de Elías Díaz radicaría, en lo que aquí nos interesa, en el contenido que se atribuye a esa legalidad. Y en este punto perspectivas ideológicas diferentes pueden ofrecer soluciones distintas.

Para Elías Díaz, el respeto a los derechos fundamentales es condición imprescindible para hablar de Estado de Derecho. La cuestión radica, como se acaba de señalar, en la amplitud que se otorga en cada caso a esos derechos fundamentales. En este sentido, si bien es cierto que el propio Fernández presenta un concepto restringido de Estado de Derecho, Elías Díaz propone un concepto maximalista, ya que de la interpretación literal de su obra se podría desprender la idea de que el Estado de Derecho, para existir como tal, necesita asegurar todos los derechos, incluidos los sociales. Este es precisamente, en mi opinión, el punto principal en el que se basa la crítica de Eusebio Fernández. En efecto, al final del capítulo primero de su obra, Elías Díaz propone un esquema o catálogo de derechos "cuya protección se considera más necesaria dentro de un Estado de Derecho", en donde se incluyen derechos individuales, políticos y sociales, señalando a continuación que ese es "el núcleo central de aquellos cuya falta o arbitraria y abusiva limitación impide la existencia de un auténtico Estado de Derecho y favorece la implantación de un sistema político absolutista, autoritario o totalitario"[54]. No obstante, si se lleva a cabo una

---

[54] Díaz. *Estado de Derecho y sociedad democrática*, cit., p. 42.

interpretación amplia que incluya no sólo a la obra citada, sino también algún escrito posterior[55], no creo que ELÍAS DÍAZ deje de reconocer la posibilidad de hablar de distintos modelos de Estado de Derecho, con un mayor o menor grado de perfeccionamiento, cuyo nivel de aceptabilidad vendría determinado por la cantidad de derechos protegidos y garantizados y por la posición que éstos ocupan en el seno de los respectivos Ordenamientos jurídicos. Cierto es que si, por ejemplo, no se reconocen los derechos sociales, no estaremos en presencia de un Estado social de Derecho, pero bien podemos estar ante un caso del modelo liberal. Por tanto, para entender bien la propuesta de ELÍAS DÍAZ han de tenerse en cuenta dos ideas: en primer lugar, la idea del Estado de Derecho como proceso; en segundo lugar, la idea de que el cuadro de derechos que nos presenta "no es –así lo reconoce expresamente– un cuadro cerrado y completo de todos esos derechos de la persona humana, de todas las instancias éticas exigibles en la situación histórica actual; (se limita) a la enunciación en esquema de aquellos cuya protección se considera más necesaria dentro de un Estado de Derecho"[56].

Creo que la cuestión que se encontraría detrás de ese desacuerdo sería por tanto la referida a la amplitud que se quiere dar a los valores a respetar por la legalidad del Estado de Derecho, ya que en función de la respuesta que se ofrezca se incluirán determinados derechos y otros no. Y la presencia de estos derechos sería la que nos autorizaría a hablar de un modelo de Estado

---

[55] Cfr. DÍAZ. "Estado de Derecho: exigencias internas, dimensiones sociales", cit., pp. 5 y ss.
[56] DÍAZ. *Estado de Derecho y sociedad democrática*, cit., p. 41.

de Derecho o de otro. EUSEBIO FERNÁNDEZ plantea un modelo mínimo, el del Estado liberal, con cuya conceptualización podría estar de acuerdo ELÍAS DÍAZ, pero a cuyo contenido éste le dirigiría sus críticas. Lo que hace ELÍAS DÍAZ es plantear tres modelos de Estado de Derecho en función, entre otras cosas, de los tipos de derechos garantizados. La cuestión sería por tanto dilucidar si ELÍAS DÍAZ niega que el modelo liberal sea un caso de Estado de Derecho. No lo niega, aunque afirma su insuficiencia.

Y ello es así porque ELÍAS DÍAZ se plantea la cuestión de los grados de perfeccionamiento del Estado de Derecho. En efecto, maneja la idea del Estado de Derecho como proceso: "El Estado de Derecho, al igual que la democracia, aparece [...] no como esencias y conceptos cerrados, sino como *procesos* siempre abiertos a posibles y necesarios perfeccionamientos"[57]. Así, dejando de un lado el modelo democrático –que adquiere en la obra de ELÍAS DÍAZ un significado de meta a alcanzar–, y centrándonos ahora en la dicotomía Estado liberal-Estado social, este último sería el modelo más perfecto, pero no el único. De lo contrario, tendría que negar que un modelo conservador, en el que, por ejemplo, se restringen derechos sociales, fuera un Estado de Derecho. Por el contrario, EUSEBIO FERNÁNDEZ pretende clarificar un modelo minimalista –él lo llama restringido– de Estado de Derecho. Critica la idea según la cual para poder hablar de Estado de Derecho tenga que existir necesariamente una estructura de derechos

---

[57] Ibíd., p. 99. También, ÍD. "Estado de Derecho: exigencias internas dimensiones sociales", cit., p. 9; ÍD. "Derechos humanos y Estado de Derecho", en LÓPEZ GARCÍA y DEL REAL (eds.). *Los derechos: entre la ética, el poder y el Derecho*, cit., p. 129.

sociales. Para él, en todo caso, se exige la presencia de derechos liberales. Eso sería suficiente para poder hablar de Estado de Derecho, aunque si, como él mismo afirma en su crítica a HAYEK, "también hay derechos inviolables en el terreno social y económico que, si no se garantizan, pueden limitar extremadamente el uso efectivo de las libertades individuales"[58], entonces se da pie para plantear la necesidad de aquellos para la plena virtualidad del Estado de Derecho, que es precisamente el núcleo de las críticas a ELÍAS DÍAZ[59]. Para él, existen dos problemas que dificultan la exigencia de derechos sociales en el concepto de Estado de Derecho. En primer lugar, la crisis del Estado social[60]; en segundo, la aparición de nuevos derechos[61].

---

[58] FERNÁNDEZ. "Hacia un concepto restringido de Estado de Derecho", cit., p. 104.
[59] Como ha señalado PISARELLO, "desde el momento en que se admite que el Estado de Derecho debe ser, ante todo, democrático, la satisfacción de necesidades básicas para todos los individuos se vuelve condición indispensable para la extensión a todos de los derechos clásicos de libertad, para garantizar efectivamente, y no de un modo meramente formal, aquello que HART proclamara como *The equal right of all men to be free*": "Por un concepto exigente de Estado de Derecho (A propósito de un artículo de Eusebio Fernández)", cit., p. 101.
[60] "La crisis del Estado de Bienestar social, el derrumbe de las dictaduras comunistas en la mayoría de los países que durante décadas las vivieron y muchos otros factores, exigen un cambio tanto en las herramientas teóricas con las que nos acercamos a comprender la realidad como en las evaluaciones que utilizamos para expresar nuestro agrado o desagrado con ciertas formas de organizar políticamente la convivencia": FERNÁNDEZ. "Hacia un concepto restringido de Estado de Derecho", cit., p. 105.
[61] "El Estado de Derecho perdería mucha legitimación social si pretendiera crear la esperanza en los ciudadanos de que estos nuevos derechos, lo mismo que los económicos y sociales, se van a conseguir por artes especiales, dando pie a promesas llamadas a no ser cumplidas. Por ello quizá lo más adecua-

En relación con la primera cuestión, su tesis es que la crisis del Estado social obliga a que no se pueda hacer depender la definición del Estado de Derecho de las exigencias de aquel; ello nos llevaría a la imposibilidad de identificar sistema alguno como Estado de Derecho. Cabe señalar que esta estrategia –que recuerda en algo a aquella que hace depender la conceptualización de los derechos fundamentales de sus condiciones de eficacia[62]– puede encerrar peligros, ya que supone en cierta medida renunciar a la fuerza transformadora que tienen las reivindicaciones vinculadas al Estado social y a los derechos en general. Y frente a esta estrategia reacciona explícitamente Elías Díaz. En efecto, reconoce que las condiciones objetivas, entre las que se encuentra la escasez, pueden dificultar la comprensión de determinadas exigencias de la dignidad humana como derechos subjetivos plenamente operativos: "Todo ello es bien cierto, realista y responsable y habrá de ser tomado muy en consideración por los legisladores y por la propia sociedad si se quiere construir algo con responsabilidad. Pero el mundo no se acaba ni se cierra, tampoco el mundo jurídico, con los

---

do, aunque también lo menos popular y electoralista, sea reducir en el contenido la lista de los derechos que han de incluirse en la cuarta de las características del Estado de Derecho. La selección puede hacerse tomando como criterio básico aquellos derechos que pueden ser garantizados efectivamente con la existencia del Estado liberal-democrático. Los derechos económicos, sociales y culturales y estos nuevos derechos serían objetivos o metas morales y políticas a conseguir por el Estado de Derecho, pero nunca presupuestos de su definición": Fernández. "Hacia un concepto restringido de Estado de Derecho", cit., p. 109.

[62] Cfr. al respecto, G. Peces-Barba et ál. *Curso de derechos fundamentales. Teoría general*, 1.ª reimpr., Madrid, Universidad Carlos III de Madrid y BOE, 1999, pp. 101 y ss.

estrictos derechos subjetivos; las exigencias éticas asumidas en el ordenamiento pueden, por ejemplo, servir para orientar con fuerza, es decir, con sólidas razones, la futura legislación que dará lugar, entonces sí, a nuevos estrictos derechos; y mientras tanto pueden valer muy bien para interpretar de un modo u otro los actuales reconocidos derechos. Como se ve, todo menos que inútil presencia y su diferenciado reconocimiento en el ámbito jurídico-político"[63]. En relación con la segunda, ya hemos afirmado que el concepto de Estado de Derecho es un concepto histórico y por tanto capaz de asumir las transformaciones de los derechos fundamentales.

En todo caso, nos vemos obligados a reconocer que existen dos posibles interpretaciones de la propuesta de ELÍAS DÍAZ. Según la primera, el Estado de Derecho exigiría en todo caso la realización de derechos sociales. Esta es la interpretación que lleva a cabo EUSEBIO FERNÁNDEZ y creo que en ese caso no se podría estar del todo de acuerdo con ELÍAS DÍAZ. La segunda interpretación –que me parece más aceptable– señalaría que el Estado social de Derecho (y más el democrático) implicaría un mayor grado de perfeccionamiento con respecto al liberal. De ser así las cosas, no creo que hubiera contradicción entre ambos autores. No obstante, el aparente desacuerdo entre ambas posiciones puede ser interpretado como un desacuerdo entre distintas definiciones del concepto de Estado de Derecho. Creo que la definición que propone EUSEBIO FERNÁNDEZ es léxica. Recoge lo que ha sido tradicionalmente la concepción clásica del Estado de Derecho, entendido como estructura jurídico-política carac-

---

[63] DÍAZ. "Estado de Derecho: exigencias internas dimensiones sociales", cit., p. 21.

terizada básicamente por el sometimiento al Derecho, siendo un modelo en el que dicho rasgo prevalecería sobre el otro componente básico, el referido a la garantía de los derechos, que en este caso se reduce (por eso he hablado de propuesta minimalista) a la concepción liberal de los mismos. Por el contrario, la definición de Elías Díaz podría ser caracterizada como explicativa, en la que, si bien coincide con la anterior en la aceptación de elementos comunes, introduce dimensiones prospectivas (las referidas a los derechos sociales) cuya materialización –meta a alcanzar– implicaría la cristalización de un modelo más perfecto, y por tanto en su opinión preferible, de Estado de Derecho. En este sentido, la definición propuesta por Elías Díaz tendría todas las ventajas propias de una definición explicativa de Estado de Derecho, y que han sido señaladas por Pérez Luño, que residen en "demostrar la estrecha correlación existente entre su componente ideológica, que genéricamente se identifica con la lucha por la justicia –entendida ésta como el resultado de las exigencias que la razón práctica descubre en cada momento histórico como imprescindibles, para posibilitar una convivencia social basada en los derechos fundamentales de libertad e igualdad–, y su estructura técnico-formal, cuyo principal objetivo es la creación de un clima de seguridad jurídica en el desarrollo de la acción estatal"[64].

Permítaseme en este momento retomar la noción de "*legalidad selectiva*" a la que se aludió con anterioridad. La legalidad selectiva se asocia a unos determinados contenidos materiales, de moralidad en definitiva, de manera que la presencia de dichos contenidos es la que permite identificar como tal a un Estado

---

[64] Pérez Luño. *Derechos humanos, Estado de Derecho, Constitución*, cit., p. 243.

de Derecho. Sabemos que esos contenidos de moralidad se juridifican en forma de derechos fundamentales. Si asumimos como cierta la necesidad de una legalidad selectiva en el Estado de Derecho, y en consecuencia reconocemos que sin dicha legalidad no hay Estado de Derecho, estamos obligados a admitir también que el Estado de Derecho implica una conexión cierta entre Derecho y moral –con independencia de que, en el interior de un marco moral general (la moralidad de los derechos), se proceda posteriormente a una concreción de esa moralidad en forma de diversas categorías o clases de derechos–. Por eso, no creo que se pueda hablar de modelos de Estado de Derecho en los que exista una relación no cierta, sino aleatoria, entre Derecho y moral, como hace RAFAEL DE ASÍS. En efecto, lo que él denomina "modelo restringido de Estado de Derecho", entendiendo como tal "el Estado que actúa, mediante una separación funcional de poderes, a través de normas, principalmente generales, y que lo limitan tanto por ser emitidas y conocidas como por formar un conjunto unitario y coherente"[65], tiene una legalidad –eso es evidente–, pero esa legalidad no es necesariamente selectiva. Por otra parte, dentro ya de aquellos modelos de Estado de Derecho que presentan una conexión cierta entre Derecho y moral, pienso que la base de todos ellos está constituida por el denominado "modelo estricto", aquel que "incorpora un mínimo contenido moral, que se traduciría en la protección de la autonomía individual"[66]. Si admitimos que los derechos fundamentales son poderosos mecanismos de

---

[65] R. DE ASÍS. *Una aproximación a los modelos de Estado de Derecho*, Madrid, Dykinson, 1999, p. 31.
[66] Ibíd.

protección de la autonomía individual y de la dignidad humana, siendo así que la construcción de un sistema de derechos se puede presentar como una exigencia de esa dignidad, entonces los modelos de Estado de Derecho (liberal, social, agrupados por DE Asís como modelo amplio) serían manifestaciones o prolongaciones de ese modelo estricto. En ambos casos, en el modelo estricto y en el modelo amplio, se defiende un determinado marco moral, no pudiéndose afirmar, como se hace, que este sea un rasgo exclusivo del modelo amplio[67]. Por otra parte, el denominado, por DE Asís, "modelo democrático"[68], en el que las normas jurídicas son fruto de la participación de los ciudadanos, tampoco es plenamente autónomo con respecto a un modelo que incluye derechos fundamentales, ya que esa participación implica el reconocimiento –al menos– de derechos políticos. En todo caso, es cierto –también lo recuerda DE Asís– que caben diferentes perspectivas a la hora de conceptualizar el Estado de Derecho. La perspectiva descriptiva busca reflejar su uso en el Derecho o en la doctrina (y también, añado yo, en el empleo cotidiano de la gente), mientras que la perspectiva prescriptiva "no se construiría necesariamente desde realidad alguna (en todo caso eso no sería lo importante) planteando cómo debe ser utilizado el término"[69]. Creo que un abuso de la perspectiva prescriptiva, habida cuenta de que ésta no se nos presenta, en este caso, como necesariamente vinculada a la realidad, puede hacernos caer en los mismos peligros que acechan a las definiciones estipulativas. En todo caso, parece cierta la relación entre

---

[67] Cfr. DE Asís. *Una aproximación a los modelos de Estado de Derecho*, cit., p. 64.
[68] Cfr. ibíd., p. 64.
[69] Ibíd., p. 25.

definiciones léxicas y perspectiva descriptiva, de un lado, y definiciones estipulativas y perspectiva prescriptiva, de otro. En este sentido, alguno de los modelos de Estado de Derecho propuestos por RAFAEL DE ASÍS, aquellos en los que no se cuenta con la presencia de derechos fundamentales –en cualquiera de sus formas– podrían incurrir en alguno de los peligros de las definiciones estipulativas. Ciertamente, la elección de cualquier estrategia definitoria puede implicar cierto grado de estipulación, habida cuenta de que partimos de una concepción convencional del lenguaje y de los significados. Los problemas de las definiciones estipulativas se producen cuando se franquean los límites "admisibles" de la estipulación. Dicha admisibilidad podría venir determinada por la utilidad de la propuesta y por la capacidad de generar comprensión y acuerdo entre los hablantes.

4. Derechos fundamentales y estructura del Estado de Derecho. La propuesta de Luigi Ferrajoli

Un buen ejemplo a la hora de analizar la relación entre derechos fundamentales y Estado de Derecho viene constituido, en mi opinión, por la aportación de LUIGI FERRAJOLI. Me centraré básicamente en lo expuesto en su libro *Derecho y razón*[70]. Creo que en este caso se demuestra que los derechos fundamentales desempeñan una función clasificatoria con respecto al concepto de Estado de Derecho, en el sentido de que sin derechos fundamentales no se puede hablar de aquel; en relación con el concepto de Estado y con el de Ordenamiento

---

[70] N. BOBBIO (prólogo), P. ANDRÉS IBÁÑEZ et ál. (trad.), Madrid, Trotta, 1995.

jurídico desempeñarían una función cualificatoria, desde el momento en que su presencia, o ausencia, sirve como elemento de evaluación moral de éstos. En definitiva, como ha señalado Norberto Bobbio en el prólogo al citado libro, las paredes maestras del Estado de Derecho "tienen por fundamento y fin la tutela de las libertades del individuo frente a las variadas formas de ejercicio arbitrario del poder"[71].

Ferrajoli se mueve dentro del paradigma garantista. El garantismo puede ser entendido de acuerdo con tres acepciones[72]. Así, en primer lugar, alude a un *modelo normativo de Derecho*, que es el propio del Estado de Derecho; en segundo lugar, se refiere a una *teoría jurídica de la validez* y de la efectividad, que deben ser entendidas como categorías distintas no sólo entre sí, sino también respecto de la existencia o vigencia de las normas. Como señala Ferrajoli, es una "'*teoría de la divergencia*' entre normatividad y realidad, entre derecho válido y derecho efectivo, uno y otro vigentes"[73]; en tercer lugar, el garantismo es una *filosofía política*, "que impone al derecho y al estado la carga de justificación externa conforme a los bienes y a los intereses cuya tutela y garantía constituye precisamente la finalidad de ambos"[74]. Es cierto que la intención de Ferrajoli es la de construir una teoría del garantismo penal, pero como él mismo reconoce, sus consecuencias y sus ámbitos de aplicación van mucho más allá, pudiendo señalarse los elementos de una teoría general del garantismo: "el carácter vinculado del poder públi-

---

[71] En el prólogo citado en la nota anterior, p. 13.
[72] Cfr. M. Carbonell y P. Salazar (eds.). *Garantismo. Estudios sobre el pensamiento jurídico de Luigi Ferrajoli*, Madrid, Trotta, 2005.
[73] Ferrajoli. *Derecho y razón*, cit., p. 852.
[74] Ibíd., p. 853.

co en el Estado de Derecho; la divergencia entre validez y vigencia producida por los desniveles de normas y un cierto grado irreductible de ilegitimidad jurídica de las actividades normativas de grado inferior; la distinción entre punto de vista externo (o ético-político) y punto de vista interno (o jurídico) y la correspondiente divergencia entre justicia y validez; la autonomía y precedencia del primero y un cierto grado irreductible de ilegitimidad política de las instituciones vigentes con respecto a él"[75].

Pues bien, aunque, como se podrá observar, las consecuencias de las distintas acepciones del garantismo están vinculadas entre sí, a nosotros nos interesa centrarnos en este momento en la primera de ellas, aquella que presenta el garantismo como un modelo de Derecho, ya que es en este punto en el que se afirma que el garantismo es "el principal rasgo funcional de esa formación moderna específica que es el *estado de derecho*"[76].

En efecto, el concepto de Estado de Derecho tiene un ámbito muy extenso. En términos generales, y evitando detenernos en la consideración de todas y cada una de las aportaciones que han contribuido a dotar al término de su significado moderno, bien podemos reconocer que uno de sus rasgos preeminentes consiste en la idea del sometimiento a la ley, al Derecho, del gobierno de las leyes distinguido del gobierno de los hombres[77]. No obstante, el sometimiento a la ley puede ser entendido en

---

[75] Ibíd., p. 854.
[76] Ibíd., p. 855.
[77] Cfr. al respecto el ya clásico trabajo de N. BOBBIO. "¿Gobierno de los hombres o gobierno de las leyes", en ÍD. *El futuro de la democracia*, J. FERNÁNDEZ SANTILLÁN (trad.), 3.ª reimp., México, Fondo de Cultura Económica, 1999, pp. 167 y ss.

dos sentidos: "en el sentido débil, lato o formal de que cualquier poder debe ser *conferido* por la ley y ejercido en las formas y procedimientos por ella establecidos; y en el sentido fuerte, estricto o sustancial de que cualquier poder debe ser *limitado* por la ley, que condiciona no sólo sus formas, sino también sus contenidos"[78]. En el primer sentido, todos los Ordenamientos jurídicos serían Estados de Derecho[79], y en el segundo solo aquellos "que en los niveles normativos superiores incorporan límites no sólo formales sino también sustanciales al ejercicio de cualquier poder"[80]. En el primer caso se habla de un principio de legalidad en sentido amplio (validez en sentido formal), mientras que en el segundo se alude a una legalidad restringida (validez sustancial). FERRAJOLI asume el segundo sentido de Estado de Derecho, y en este sentido lo vincula al garantismo. Así, el Estado de Derecho no sería sólo un modelo de organización jurídico-política sometida al Derecho, sino "un modelo de Estado nacido con las modernas constituciones y caracterizado: a) en el plano formal, por el principio de *legalidad*, en virtud del cual todo poder público –legislativo, judicial y administrativo– está subordinado a leyes generales y abstractas, que disciplinan sus

---

[78] FERRAJOLI. *Derecho y razón*, cit., p. 856.
[79] Señala con razón G. PECES-BARBA que un planteamiento de este tipo "es neutro desde el punto de vista axiológico y se puede aplicar tanto a una dictadura como a una democracia. Pero esa constatación de que todo Estado es Estado de Derecho es poco relevante, no añade nada para la valoración de los tipos de poder ni suministra elementos adicionales a la legitimidad de ejercicio que es, sin embargo, lo que interesa", AA. VV. *Curso de Teoría del Derecho*, Madrid, Marcial Pons, 1999, p. 108; cfr. también F. DE CARRERAS. *El Estado de Derecho como sistema*, Madrid, Centro de Estudios Constitucionales, 1996, p. 4.
[80] FERRAJOLI. *Derecho y razón*, cit., p. 856.

formas de ejercicio y cuya observancia se halla sometida a control de legitimidad por parte de jueces separados del mismo e independientes (el Tribunal Constitucional para las leyes, los jueces ordinarios para las sentencias, los tribunales administrativos para las decisiones de ese carácter); b) en el plano sustancial, por la funcionalización de todos los poderes del Estado al servicio de la garantía de los *derechos fundamentales* de los ciudadanos, mediante la incorporación limitativa en su Constitución de los deberes públicos correspondientes"[81]. Estaríamos en presencia de la "versión normativa amplia" del Estado de Derecho, de acuerdo con la terminología propuesta por PECES-BARBA[82].

Por tanto en la propuesta de FERRAJOLI se asume que los derechos fundamentales constituyen un elemento imprescindible del Estado de Derecho, esto es, su dimensión sustancial o material. Así, se podrían distinguir dos tipos de legitimidades, ya que el cumplimiento del principio de legalidad implicaría una legitimidad formal, mientras que el sometimiento a los contenidos constituidos por los derechos fundamentales implicaría legitimidad sustancial. Hablamos en el primer caso de legalidad en sentido amplio, y en el segundo de legalidad en sentido restringido o de estricta legalidad: "En todos los casos se puede decir que la *mera legalidad*, al limitarse a subordinar todos los actos a la ley, cualquiera que sea, coincide con su *legitimación formal*, mientras la *estricta legalidad*, al subordinar todos los actos, incluidas las leyes, a los contenidos de los derechos fundamentales, coincide con su *legitimación sustancial*"[83].

---

[81] Ibíd., p. 857.
[82] Cfr. AA. VV. *Curso de Teoría del Derecho*, cit., p. 108.
[83] FERRAJOLI. *Derecho y razón*, cit., p. 857. En el mismo sentido, RICCARDO

Para entender el sentido operativo de los derechos fundamentales en el marco de la estructura normativa del Estado de Derecho, en la propuesta de Ferrajoli, creo interesante detenerme en dos cuestiones básicas, a mi parecer: por una parte, la distinción, que conoce una reducción en el Estado de Derecho, entre *legitimación externa y legitimación interna* y, por otra, la idea de *incorporación limitativa*.

La legitimación externa (o justificación) es la legitimación "por referencia a principios normativos externos al derecho positivo, es decir, a criterios de valoración morales o políticos o de utilidad de tipo extra o meta-jurídico"[84]. La legitimación interna (o legitimación en sentido estricto) es la legitimación "por referencia a los principios normativos internos al ordenamiento jurídico mismo, esto es, a criterios de valoración jurídicos o si se quiere intra-jurídicos"[85]. En el primer caso, se manejan razones externas, y en el segundo internas. Como señala el propio Ferrajoli, la distinción está íntimamente vinculada a la separación entre justicia y validez. En relación con ambos tipos de legitimación existen, de un lado, posiciones doctrinales que mantienen la separación, mientras que otras predican subordinaciones respectivas. Así, el positivismo jurídico se ha ca-

---

Guastini señala que las dos versiones del principio de legalidad (formal y material) permiten distinguir dos acepciones de la expresión Estado de Derecho, en sentido débil (todo poder es conferido por el Derecho), y en sentido fuerte (todo poder es conferido por el Derecho, y además se encuentra limitado en su ejercicio por el Derecho): "Note su Stato di diritto, sistema giuridico e sistema politico", en B. Montanari (ed.). *Stato di diritto e trasformazione della politica*, Torino, Giappichelli, 1992, p. 175. En este escrito se asume la segunda acepción.

[84] Ferrajoli. *Derecho y razón*, cit., p. 213.
[85] Ibíd.

racterizado históricamente por afirmar la separación entre ambas, lo que es lo mismo que afirmar la distinción de la validez del Derecho de su justicia. Por otra parte, la subordinación –y consiguiente confusión– entre ambas se produce tanto en el seno del iusnaturalismo, que subordina la legitimación interna a la externa, como en el del formalismo ético, que opera inversamente, sublimando el valor ético del Derecho positivo. Pues bien, el garantismo defendido por FERRAJOLI tiene como "presupuesto teórico y axiológico"[86] la tesis de la separación entre legitimación externa e interna. Como acabo de señalar, es fácil vincular dicha tesis a la que defiende la separación entre el Derecho y la moral habida cuenta de que "sirve para fundamentar (como principio teórico) por un lado la posibilidad de un enfoque científico de tipo descriptivo y por otro la de un enfoque crítico de tipo valorativo en relación con el derecho positivo"[87].

Si por algo se caracteriza el Estado de Derecho es precisamente por implicar una vinculación entre legitimación externa y legitimación interna: "La novedad histórica del *estado de derecho* respecto a los demás ordenamientos del pasado reside en haber incorporado, transformándolas en normas de legitimación interna por lo general de rango constitucional, gran parte de las fuentes de justificación externa relativas al 'cuándo' y al 'cómo' del ejercicio de los poderes públicos"[88]. En efecto, se ha producido una positivación o constitucionalización de los derechos naturales. Los grandes contenidos del iusnaturalismo racionalista se han volcado, en el Estado de Derecho, al Derecho positivo, en forma de derechos fundamentales: los derechos son "la forma

---

[86] Ibíd., p. 215.
[87] Ibíd., p. 354.
[88] Ibíd.

jurídica *positiva* que los derechos *naturales*, teorizados como pre o meta o supra-jurídicos en los orígenes del estado moderno han asumido con su garantía en tanto que 'derechos subjetivos' en las constituciones modernas"[89].

Este proceso de positivación del Derecho natural implica que, en la práctica, se produce una aproximación entre la legitimación externa y la interna, o entre el deber ser y el ser del Derecho. En efecto, el conflicto entre el deber ser y el ser *del* Derecho se ha convertido en conflicto entre el deber ser y el ser *en* el Derecho. Los criterios de valoración del Derecho ya no son exclusivamente externos al mismo, sino que ahora, gran parte de ellos, se encuentran positivizados: "todo 'estado de derecho', en especial si está dotado de una Constitución rígida, es susceptible de valoración no sólo externa, referida a principios naturales de justicia, sino también interna, es decir, referida a *sus* propios principios tal y como quedan garantizados por esas tablas positivas de derecho natural que son los textos constitucionales"[90].

Las consecuencias de este proceso de positivación de los derechos naturales, que ahora han adquirido forma de derechos fundamentales (directamente vinculados, en el caso de nuestra Constitución, a los valores superiores *del* Ordenamiento jurídico del art. 1.1) en el Estado de Derecho son importantes, y FERRAJOLI

---

[89] Ibíd., p. 356. Sobre el concepto de derecho fundamental manejado por FERRAJOLI cfr. su artículo "Derechos fundamentales", en ÍD. *Derechos y garantías. La ley del más débil*, P. ANDRÉS y A. GREPPI (trads.), Madrid, Trotta, 1999, pp. 37 y ss. Sobre la cuestión puede consultarse A. GREPPI. "Una definición estructural de los derechos fundamentales en la obra de Luigi Ferrajoli", *Revista de la Facultad de Derecho de México*, t. XLVIII, n.º 219-220, UNAM, 1998, pp. 189 y ss.

[90] FERRAJOLI. *Derecho y razón*, cit., p. 357.

se encarga de ponerlas de relieve. Por una parte, los criterios de pertenencia al Ordenamiento –que, en última instancia, siempre son formales en virtud del principio de jerarquía normativa– ya no van a ser exclusivamente formales, sino que ahora se incluyen exigencias materiales o de contenido. Es cierto que dicha positivación obliga a una reformulación de la tradicional pugna entre el positivismo y el iusnaturalismo: ya no es necesario recurrir *en todo caso* al Derecho natural –entendido como ejemplo de sistema normativo suprapositivo, criterio de legitimación externa– para identificar un criterio de valoración del Derecho positivo; éstos, los criterios de valoración, ya no son externos exclusivamente, sino que han sido asumidos por el Ordenamiento jurídico, formando parte en ocasiones de sus criterios de validez. Ello no implica una desaparición de las plataformas críticas con respecto al Derecho positivo, sino más bien un cierto traslado de las mismas, aunque es cierto que "si hubiera que valorar los ordenamientos jurídicos de los estados modernos por los principios generales enunciados en sus constituciones, serían bien pocas las críticas que cabría formular contra ellos desde un punto de vista externo, es decir, desde el punto de vista ético-político o de la justicia"[91]. Así, gran parte de las críticas se deben desarrollar ahora con referencia a dimensiones propiamente jurídicas, internas al ordenamiento. Tampoco debe llegarse a la conclusión de la pérdida de valor de una de las grandes afirmaciones del positivismo, como es la neutralidad de su definición de Derecho. Lo único que ocurre ahora es que, en el interior de un determinado paradigma, que es el del Estado de Derecho, "entre las normas acerca de la producción de normas el moderno esta-

---

[91] Ibíd., p. 356.

do constitucional de derecho ha incluido múltiples principios ético-políticos o de justicia, que imponen valoraciones ético políticas de las normas producidas y actúan como parámetros o criterios de legitimidad e ilegitimidad no ya externos o iusnaturalistas, sino internos o positivistas"[92].

En todo caso, FERRAJOLI sí se ve obligado a reformular algunas propuestas básicas del positivismo, que él atribuye a lo que denomina "paleopositivismo". Así, el mantenimiento de la perspectiva positivista exige, en su opinión, diferenciar el concepto de vigencia del de validez. La vigencia sería "la validez sólo *formal* de las normas tal cual resulta de la regularidad del *acto normativo*"; y la validez sería "la validez también *sustancial* de las normas producidas, es decir, de sus significados o contenidos normativos"[93]. La vigencia se identificaría así con la legitimidad jurídica formal, mientras que la validez lo haría con la legitimidad jurídica sustancial. La cuestión se complica cuando se afirma que "las normas vigentes en un estado de derecho pueden ser en definitiva, además de eficaces o ineficaces, también válidas o inválidas, es decir, jurídicamente legítimas en el plano formal pero no en el sustancial"[94]. FERRAJOLI llega a esta conclusión tras haber afirmado que una norma que incumple los requisitos formales de validez es una norma no vigente, y que por lo tanto no existe como tal en el ordenamiento, mientras que una norma que incumple los requisitos sustanciales no es válida "aunque esté vigente, o exista, o pertenezca al ordenamiento examinado"[95]. Por lo tanto, lo que caracterizaría al Estado

---

[92] Ibíd., p. 358.
[93] Ibíd., p. 359.
[94] Ibíd.

De Derecho, sería esa distinción conceptual entre vigencia y validez, que, en mi opinión, sí contradice, tal y como es presentada por FERRAJOLI, presupuestos básicos del positivismo jurídico, como es la idea según la cual la validez de un norma depende tanto de su adecuación formal como material con la norma superior, siendo así que ambas son condiciones necesarias para hablar de validez. En todo caso, esta es una cuestión que, aunque central en la propuesta de FERRAJOLI, nos desvía algo de nuestro centro de atención y que por lo tanto en esta ocasión me limito a dejar planteada[96].

El acercamiento entre los criterios de legitimación externa e interna sí produce en todo caso un aumento de la complejidad de los ordenamientos. En este sentido, me voy a centrar en la idea de *incorporación limitativa* a la que aludí con anterioridad[97]. Para FERRAJOLI, "la gran innovación institucional de la que nació el estado de derecho fue [...] la positivación y constitucionalización de (los) derechos a través de (la) 'incorporación limitativa'

---

[95] Ibíd.
[96] Cfr. también L. FERRAJOLI. "El Derecho como sistema de garantías", y "Derechos fundamentales", en ÍD. *Derechos y garantías. La ley del más débil*, cit. Es una cuestión básica de la propuesta de FERRAJOLI, a la que han dedicado su atención, entre otros, L. GIANFORMAGGIO. "Diritto e ragione tra essere e dover essere" (pp. 25 a 48), R. GUASTINI. "I fondamenti teorici e filosofici del garantismo" (pp. 49 a 65), M. JORI. "La cicala e la formica" (pp. 66 a 119), V. VILLA. "Garantismo, e verificazionismo, validità e vigore" (pp. 171 a 187), todos ellos en L. GIANFORMAGGIO (ed.). *Le ragioni del garantismo. Discutendo con Luigi Ferrajoli*, Torino, Giappichelli, 1993; A. M. PEÑA FREIRE. *La garantía en el Estado constitucional de Derecho*, Madrid, Trotta, 1997, pp. 97 y ss.
[97] Un análisis de las diferentes dimensiones de la vertiente limitativa de los derechos es el realizado por R. DE ASÍS en *Las paradojas de los derechos fundamentales como límites al Poder*, Madrid, Dykinson, 2000.

al ordenamiento jurídico de los deberes correspondientes impuestos al ejercicio de los poderes públicos"[98]. Mientras que la incorporación limitativa se identifica con la inclusión de vinculaciones o imperativos negativos, la incorporación potestativa alude a la inclusión de imperativos positivos o a la ausencia de vinculaciones[99]. En efecto, la inclusión de valores y contenidos sustanciales en los niveles superiores de un ordenamiento, implica una mayor sujeción de los niveles inferiores del mismo, mientras que, a la inversa, en la medida en que existe una ausencia de valores vinculantes en los escalones superiores del ordenamiento, una mayor libertad y discreccionalidad existe en los inferiores[100]. Así, y en lo que se refiere a los juicios de validez, "cuanto más avalorativos sean sus criterios –como en el caso límite en el que es válido cualquier mandato del soberano–, tanto más valorativos, es decir, impregnados de juicios de valor extra-jurídicos, pueden ser tanto la legislación como la jurisdicción; y viceversa. Al mismo tiempo, cuanto más vinculantes y complejos sean los criterios y valores de legitimación y deslegitimación internas, tanto menores serán las exigencias y las razones de legitimación y deslegitimación meramente externas; y viceversa"[101]. Por tanto existe una relación de proporción inversa tanto entre incorporación limitativa e incorporación potestativa, como entre legitimación externa y legitimación interna ya que, en este último caso, "cuanto mayor es la legitimación política o externa que le viene dada a un ordenamiento por valores

---

[98] FERRAJOLI. *Derecho y razón*, cit., p. 860.
[99] Cfr. ibíd., p. 364.
[100] Cfr. ibíd., p. 363.
[101] Ibíd., p. 364.

ético-políticos incorporados en sus niveles normativos superiores, tanto mayor es la capacidad de deslegitimación jurídica o interna que ellos ejercen sobre sus niveles normativos inferiores"[102]. Esto hace que el Estado de Derecho sea un modelo especialmente exigente y, además, un modelo en el cual son ineliminables las contradicciones internas: la perfección del Estado de Derecho, que en buena parte viene determinada por los valores asumidos en los niveles superiores del Ordenamiento –y por las consiguientes limitaciones respecto de los inferiores– implica la posibilidad de una mayor divergencia entre modelos normativos y prácticas efectivas, mucho mayor en todo caso que en aquellos modelos en los que los modelos normativos tienen una menor presencia o una menor carga vinculante.

En todo caso, esa incorporación limitativa consustancial al Estado de Derecho se articula de distinta manera en función de los modelos en que se esté pensando. Aquí FERRAJOLI distingue netamente entre el modelo liberal y el modelo social. No obstante, la traducción práctica de las respectivas exigencias de esos modelos a la realidad tiene como consecuencia la aparición conjunta y la interrelación de dichas exigencias. En el modelo liberal, la limitación se produce a través de prohibiciones: las libertades negativas "consisten únicamente en deberes públicos negativos o de no hacer –de dejar vivir y de dejar hacer– que tienen por contenido prestaciones negativas o no prestaciones"[103]. En un modelo social la vinculación consiste en obligaciones, o deberes públicos de hacer. Mientras que en el primer caso hablamos de *derechos de* a los que corresponden prohibi-

---

[102] Ibíd., p. 365.
[103] Ibíd., p. 860.

ciones, en el segundo, de habla de *derechos a* vinculados con obligaciones. Prestaciones negativas en el primer caso y prestaciones positivas en el segundo.

Esta diferencia tiene también una traducción en relación con los diferentes tipos de normas[104]. Así, el Estado de Derecho liberal está limitado por normas secundarias negativas, esto es, por prohibiciones de actuar de las que son destinatarios sus órganos, mientras que el Estado social está limitado por normas secundarias positivas, que imponen obligaciones de actuación. En ambos casos se produce una incorporación limitativa que se traduce, eso sí, en una diferente estructuración de los poderes públicos. Y esa incorporación limitativa se vincula asimismo con diferentes criterios de legitimación: si el Estado liberal debe limitarse a *no empeorar* las condiciones de vida de los individuos, el Estado social está obligado, además, a *mejorarlas*. Y a su vez, se observa una vinculación con los distintos bienes asegurados, que se diferencian en ambos casos. Por eso afirma FERRAJOLI que "las garantías liberales o negativas basadas en prohibiciones sirven para defender o conservar las condiciones *naturales* o prepolíticas de existencia: la vida, las libertades, las inmunidades frente a los abusos del poder y, hoy hay que añadir, la no nocividad del aire, del agua y en general del ambiente natural; las garantías sociales o positivas basadas en obligaciones permiten por el contrario pretender o adquirir condiciones *sociales* de vida: la subsistencia, el trabajo, la salud, la vivienda, la educación, etc. Las primeras están dirigidas hacia el pasado y tienen como tales una función conservadora; las segundas miran al futuro y tienen un alcance innovador"[105]. Por último apunta

---

[104] Cfr. ibíd., pp. 682 y 683.

FERRAJOLI que "mientras la violación de las prohibiciones públicas establecidas en garantías de los 'derechos de' da lugar a *antinomias*, es decir, a normas vigentes pero inválidas, la violación de las obligaciones públicas establecidas en garantía de los 'derechos a' produce *lagunas*, es decir, carencia de normas: y si una antinomia puede ser resuelta con la anulación o la reforma de la norma inválida, una laguna sólo puede ser colmada con una actividad normativa no siempre fácilmente coercible o subrogable"[106]. Dicha distinción parece excesivamente tajante. La violación de un derecho de prestación, en su caso, se puede producir a través de la emisión de una norma por parte del legislador o de la Administración. En ese caso estaríamos frente a una antinomia. En definitiva, observamos aquí la interdependencia entre concepciones de Estado de Derecho y concepciones (y modelos) de derechos fundamentales, que se evidenciaría, básicamente, en el tipo y en el número de derechos fundamentales recogidos en las constituciones, en la configuración de sus contenidos y límites, en la configuración de sus mecanismos de tutela, en la mayor o menor amplitud de su titularidad, o en las posibilidades y condiciones en las que se puede desarrollar la actuación legislativa respecto de los derechos[107].

Podemos comprobar, a través del examen de la propuesta de FERRAJOLI, que la afirmación que vincula derechos fundamentales y Estado de Derecho supone una estructuración compleja del Ordenamiento jurídico, con consecuencias muy concretas

---

[105] Ibíd., p. 862.
[106] Ibíd., p. 864.
[107] Cfr. P. HÄBERLE. *Le libertà fondamentali nello stato costituzionale*, PAOLO RIDOLA (trad.), Roma, La Nuova Italia Scientifica, 1994, pp. 191 y ss.

en lo que se refiere a la organización de los poderes públicos y al ejercicio de su capacidad normativa. Por otra parte, dicha estructuración, diferente en los distintos casos, es expresión al mismo tiempo de opciones y decisiones morales e ideológicas distintas.

CAPÍTULO SEGUNDO
ESTADO DE DERECHO, CRISIS DE LA LEY
Y ESTADO CONSTITUCIONAL

Se podría pensar que corren malos tiempos para el Estado de Derecho. Esos malos tiempos estarían determinados por varios elementos, entre los que en este momento podríamos destacar dos, aparentemente vinculados entre sí: la crisis de la ley y el desarrollo del Estado constitucional y del constitucionalismo. Pretendo reflexionar sobre la posibilidad de hablar de crisis del Estado de Derecho y sobre si el Estado constitucional es el resultado de esa crisis, y funciona como alternativa o, por el contrario, es el producto de la evolución del Estado de Derecho. Al respecto, defenderé la idea según la cual crisis de la ley no significa necesariamente la crisis de las exigencias de la idea de imperio de la ley, entendida como imperio del Derecho. Por tanto, habrá que ver en qué sentido se puede hablar de crisis de la ley en la actualidad. En definitiva, se propondrá la idea según la cual lo que ocurre en el Estado constitucional es una evolución, transformación, de elementos y estructuras internas del propio Estado de Derecho, como consecuencia, entre otros factores, del progresivo protagonismo de la Constitución.

Es cierto que se ha señalado que "quizás no sea muy interesante discutir si el Estado constitucional representa una continuación enriquecedora del viejo Estado de Derecho o es, por el contrario, una superación negadora del mismo"[1]. No obstante, creo que la suerte que pueda correr el Estado de Derecho, y su comprensión, afecta directamente a una dinámica que se establece en los sistemas jurídicos democráticos entre tres elementos (Estado de Derecho-derechos fundamentales-democracia), vinculados entre sí, con lo cual la cuestión no parece intrascendente: 1. En efecto, como se verá a continuación, los derechos fundamentales son un elemento imprescindible del concepto de Estado de Derecho que aquí se defiende; 2. Por otra parte, el Estado de Derecho es un determinado modelo de estructuración del ejercicio de la capacidad normativa por parte del Estado. Las exigencias, morales y jurídicas, del Estado de Derecho impiden considerar que todo Estado es un Estado de Derecho, como propuso Kelsen. Al contrario, sólo los Estados, y los Ordenamientos jurídicos, que satisfacen determinadas condiciones pueden considerarse auténticos Estados de Derecho. En este sentido, el Estado de Derecho podría ser considerado como la expresión jurídica de la democracia. No hay democracia allí donde no se pueden identificar los rasgos básicos del Estado de Derecho, de la misma manera que no tiene sentido hablar de Estado de Derecho en referencia a un régimen político no democrático. En todo caso, conviene aquí recordar que ambas ideas, Estado de Derecho y democracia, constituyen hoy un referente en los discursos políticos entre los cuales se han desarrollado discursos con un alto grado de retórica. Hoy, ningún Poder político se reclama, por lo menos en público, como con-

---

[1] L. Prieto Sanchís. "Del mito a la decadencia de la Ley. La Ley en el Estado constitucional", en Id. *Ley, principios, derechos*, Madrid, Dykinson, 1998, p. 34.

trario al Estado de Derecho o a la democracia; 3. Además, en el marco de una comprensión no exclusivamente formal de la democracia, los derechos fundamentales constituyen un elemento de dicho concepto. Para que en un Ordenamiento jurídico se encuentren protegidos de manera consistente y eficaz los derechos, es necesario un determinado compromiso, sincero, por parte del Poder político, cuya expresión normativa es el propio Ordenamiento. Ese compromiso se materializa en la positivación, en forma de normas jurídicas de derechos, de las exigencias morales que existen tras los mismos; al propio tiempo, esa positivación es el resultado de la identificación que se produce entre el Poder político y la moralidad de los derechos. Dicho compromiso sólo se produce allí donde existe un Poder político democrático, entre otras cosas porque la juridificación de esas pretensiones morales supone una limitación hacia el Poder político: desde el momento en que existen normas de derechos fundamentales, el Poder político sabe que hay cosas que no va a poder hacer, y al mismo tiempo sabe también que hay cosas que va a estar obligado a hacer, o que por lo menos se le puede exigir, aunque sólo sea en sentido político, que haga. Así, el Poder político democrático, que es por definición participado, es el único capaz de limitarse a través del reconocimiento de derechos fundamentales a los individuos[2]. Es evidente, en este sentido, que la relación entre derechos fundamentales y poder político no se articula de la misma manera si estamos pensando en un Poder político democrático o en un Poder de otro tipo.

---

[2] Cfr. L. PRIETO SANCHÍS. *Estudios sobre derechos fundamentales*, Madrid, Debate, 1990, pp. 111 y ss.

Hoy se señala que la ley ha entrado en crisis (en ocasiones se habla de una correlativa crisis del imperio de la ley) y, desde el momento en que parece que la idea de Estado de Derecho está vinculada a una determinada concepción de la ley, se habla en consecuencia de una crisis del Estado de Derecho. En este sentido, el modelo del Estado constitucional se presenta en ocasiones como alternativa frente a la "debacle" del Estado de Derecho. No obstante, creo que en este punto se podrían diferenciar dos posiciones:

1. La de los que afirman que el Estado constitucional es el resultado de la crisis del Estado de Derecho y, por tanto, su superación, afirmando, por ejemplo, que es mejor "pensar en un auténtico cambio genético, más que en una desviación momentánea en espera y con la esperanza de una restauración", y que "más que de una continuación, se trata de una profunda transformación que incluso afecta necesariamente a la concepción del Derecho"[3].

2. La de quienes afirman que, en realidad, el Estado constitucional no es sino el resultado de la evolución y transformación del Estado de Derecho en el marco del constitucionalismo contemporáneo. Así, se afirma que el Estado constitucional "es un modelo evolucionado de Estado de Derecho"[4].

Es evidente que la transformación (ya sea en forma de crisis o de evolución) del Estado de Derecho en las condiciones de los Ordenamientos jurídicos democráticos contemporáneos puede ser analizada desde muchas perspectivas. En efecto, los

---

[3] G. ZAGREBELSKY. *El derecho dúctil*, M. GASCÓN (trad.), Madrid, Trotta, 1995, pp. 33 y 34.
[4] A. M. PEÑA FREIRE. *La garantía en el Estado constitucional de Derecho*, Madrid, Trotta, 1997, p. 41.

datos que nos ofrecen los ordenamientos constitucionales y los problemas vinculados a los mismos (distinción reglas-principios, necesidad de una argumentación racional, nueva comprensión de la actividad de la jurisdicción, tensión entre derechos [Constitución] y democracia [decisiones de acuerdo con la regla de las mayorías], desarrollo de los mecanismos de control de constitucionalidad sobre el producto normativo del Poder legislativo, entre otros), forman parte de las explicaciones y justificaciones del Estado constitucional. Y desde algunas perspectivas se podrían vincular estas circunstancias a una supuesta crisis del Estado de Derecho.

No obstante, en esta ocasión no nos vamos a centrar en todas y cada una de estas perspectivas. Propongo centrar la atención en una cuestión: la de la crisis de la ley, que hipotéticamente se vincularía a la crisis del imperio de la ley y que desarrollaría un efecto arrastre sobre el Estado de Derecho. Una de las características básicas del paso del Estado de Derecho al Estado constitucional es, en realidad, el paso del principio de legalidad (imperio de la ley) al principio de constitucionalidad (imperio de la Constitución). Si eso es cierto, la idea de imperio de la ley, entendida en sentido amplio, esto es, como imperio del Derecho, y no vinculada a la supremacía de un determinado tipo de norma, la ley (cuya concepción tradicional que la entiende exclusivamente como general y abstracta ya no se puede sostener), se sigue manteniendo en el marco de la supremacía de la Constitución. Los factores que provocan la crisis de la ley no dinamitarían el concepto de Estado de Derecho, aunque, eso sí, alterarían sus mecanismos de funcionamiento.

En este sentido, las reflexiones que siguen se van a desarrollar de la siguiente manera: 1. En primer lugar, se propondrá un determinado concepto de Estado de Derecho; 2. En segundo lugar, se caracterizará sumariamente el Estado constitucional; 3. En tercer lugar, se aludirá al sentido del imperio de la ley, y se analizará hasta qué punto la crisis de la ley provoca necesariamente la crisis del imperio de la ley. El mantenimiento de las condiciones y exigencias de la idea "imperio de la ley" implica que el Estado constitucional no es un modelo alternativo al Estado de Derecho, surgido de la desaparición de éste, sino que es el resultado de su transformación, derivado de la necesidad de adaptación a las circunstancias actuales de los Ordenamientos jurídicos constitucionales y democráticos.

1. Un concepto sustancial o material de Estado de Derecho

Qué duda cabe que el concepto "Estado de Derecho" es controvertido y discutido[5]. Se ha señalado al respecto que es un "macroconcepto de genealogía compleja, numerosos ascendentes y difícil caracterización"[6]. Posiblemente, como gran parte de los conceptos e ideas con las que se trabaja en el ámbito de la filosofía del Derecho, de la moral y de la política. E. W. BÖCKENFORDE se ha referido a esta cuestión cuando señala que el concepto de Estado de Derecho comparte con otros conceptos una determinada característica: "la de poder establecer diferencias entre tipos de Estado de Derecho que se distinguen

---

[5] Cfr. al respecto, E. FERNÁNDEZ GARCÍA. "Hacia un concepto restringido de Estado de Derecho", *Sistema*, n.º 138, 1997, pp. 101 y ss.; G. PISARELLO. "Por un concepto exigente de Estado de Derecho (A propósito de un artículo de Eusebio Fernández)", *Sistema*, n.º 144, 1998; J. ANSUÁTEGUI ROIG. "Las definiciones del Estado de Derecho y los derechos fundamentales", *Sistema*, n.º 158, 2000, pp. 158 y ss.

[6] PEÑA FREIRE. *La garantía en el Estado constitucional de derecho*, cit., p. 47.

entre sí no sólo por rasgos accidentales sino también estructurales. Se trata de un rasgo que es propio de ciertos conceptos algo difusos y no enteramente delimitables desde el sentido mismo del término, que no se dejan definir "objetivamente" ni de forma concluyente desde sí mismos, sino que permanecen abiertos al flujo cambiante de las concepciones teóricas sobre el Estado y la Constitución. Son así susceptibles de concreciones diversas, sin que ello suponga que cambie por entero su contenido, es decir sin que pierdan su continuidad o se degraden a meras fórmulas vacías"[7].

En relación con el concepto de Estado de Derecho creo que se pueden reconocer dos grandes posiciones: por una parte, la que consiste en el mantenimiento de un concepto formal y, por otra, la que consiste en el mantenimiento un concepto sustancial o material. De manera muy resumida, podemos afirmar que en el primer caso, el elemento esencial del concepto se identifica con el sometimiento al Derecho, y más específicamente a la ley. Dicho sometimiento se articula a través de la idea de imperio de la ley. En el segundo caso, el imperio de la ley está acompañado de exigencias materiales o sustanciales en relación con el contenido de la ley, que se identifican básicamente con los derechos. De acuerdo con esto, un concepto material o sustancial de Estado de Derecho afirma que en él, la ley tiene como finalidad la defensa, garantía, protección de las exigencias morales que se expresan a través de los derechos.

La propuesta que aquí se hace es la siguiente: se defiende un concepto sustancial de Estado de Derecho, en el cual cabrían

---

[7] E. W. BÖCKENFORDE. "Origen y cambio del concepto de Estado de Derecho", en ÍD. *Estudios sobre el Estado de Derecho y la democracia*, R. DE AGAPITO SERRANO (trad.), Madrid, Trotta, 2000, p. 18.

varios modelos, en función de la configuración de los distintos elementos; en todo caso, podríamos hablar de un modelo amplio y de otro restringido, si pensamos en la mayor o menor amplitud con que se positivizan los derechos fundamentales. Esta propuesta sería distinta a aquella que identifica el Estado de Derecho formal con el modelo liberal y el Estado de Derecho material con el modelo social[8]. El modelo liberal, que se caracteriza no sólo por albergar la idea de imperio de la ley, sino también por incluir derechos liberales, sería una manifestación, la primera en el tiempo, del Estado de Derecho. La presencia de dimensiones morales fuertes como son las expresadas a través de los derechos implicaría, a su vez, la imposibilidad de que dicho concepto constituya un objeto que pueda ser analizado desde "la neutralidad y la asepsia científica"[9].

El objetivo básico del Estado de derecho en sus primeras formulaciones es el de "encuadrar y limitar el poder del Estado"[10], y ello a través de la ley, concebida al respecto como instrumento jurídico básico. En efecto, la ley es "el eje de la constitución del Estado de Derecho"[11]. Es el mecanismo principal utilizado para limitar el Poder del Estado, principalmente el de la Administración. Pero la ley no se circunscribe a señalar el límite de dicha acción; al mismo tiempo, constituye el elemento habilitador, que otorga competencias a la Administración para

---

[8] Cfr. BÖCKENFORDE. "Origen y cambio del concepto de Estado de Derecho", cit., p. 17.
[9] F. DE CARRERAS. *El Estado de Derecho como sistema*, Madrid, Centro de Estudios Constitucionales, 1996, p. 4.
[10] J. CHEVALLIER. *L'État de droit*, Paris, Montchrestien, 1992, p. 11.
[11] BÖCKENFORDE. "Origen y cambio del concepto de Estado de Derecho", cit., p. 23.

actuar. Por ello, el concepto de competencia, de habilitación, es tan importante: en el modelo inicial del Estado de Derecho, la ley limita y habilita[12]. Como señala GARCÍA PELAYO, "el Estado de Derecho, en su prístino sentido, es un Estado cuya función capital es establecer y mantener el Derecho y cuyos límites de acción están rigurosamente definidos por éste, pero, bien entendido que Derecho no se identifica con cualquier ley o conjunto de leyes con indiferencia de su contenido […] sino con una normatividad acorde con la idea de la legitimidad, de la justicia, de los fines y de los valores a los que debía servir el Derecho"[13]. Por eso no se comparte aquí un concepto exclusivamente formal de Estado de Derecho, que difícilmente añadiría algo a un Estado que no fuera de Derecho[14].

¿Cómo se justifica el paso a un concepto sustancial? Si se mantiene la posibilidad de identificar, como primero en el tiempo, un modelo formal de Estado de Derecho, se entiende que autores como CHEVALLIER o BÖCKENFORDE expliquen el paso a la comprensión sustancial del Estado de Derecho aludiendo a la necesidad de reacción frente a las consecuencias de las experiencias totalitarias del siglo XX (que se vinculan a una visión formal y desnuda del imperio de la ley –con consecuencias en cuanto a la confusión entre su obligatoriedad moral y su obligatoriedad jurídica–, y a la incorrecta comprensión de la concepción kelseniana según la cual *todo Estado es Estado de Derecho*)

---

[12] Cfr. CHEVALLIER. *L'État de droit*, cit., p. 13.
[13] M. GARCÍA PELAYO. *Las transformaciones del Estado contemporáneo*, Madrid, Alianza, 1982, p. 52.
[14] Cfr. al respecto, R. DE ASÍS. *Una aproximación a los modelos de Estado de Derecho*, Madrid, Dykinson, 1999.

y a las exigencias del Estado providencia[15]. Pero, posiblemente, la superación del concepto formal por parte del concepto sustancial se puede explicar de otra manera. Un concepto estrictamente formal de Estado de Derecho, acaba de señalarse, puede tener ciertas dificultades para dotar de autonomía y sustantividad al Estado de Derecho. Si aquello por lo que se caracteriza el Estado de Derecho es el sometimiento del Poder público a normas jurídicas y su ejercicio en el marco de éstas, posiblemente sea muy difícil encontrar un sistema jurídico en el que, al menos de forma mínima, no se dé esta circunstancia. Es totalmente cierto que si volvemos nuestra mirada a la historia, e incluso sin necesidad de ir hacia detrás, si miramos en la actualidad a nuestro alrededor, encontramos regímenes jurídico-políticos más o menos democráticos y más o menos dictatoriales. Pero incluso en estos últimos es difícil ignorar que el ejercicio del Poder político se desarrolla, en términos generales, en el marco de lo señalado por normas jurídicas. Otra cosa es que, en primer lugar, por supuesto, en estos regímenes políticos van a existir ámbitos de inmunidad (cuyo control y desaparición se intenta en el Estado de Derecho) y, en segundo lugar, el juicio moral que nos merezca ese ejercicio y las normas que lo habilitan. Pero en todo caso, creo, existe un, por lo menos mínimo, grado de vinculación a normas jurídicas. De lo contrario estaríamos frente a una situación en la que los individuos carecerían de referencias normativo-jurídicas a la hora de desarrollar sus comportamientos, en la que los poderes públicos podrían desarrollar actuaciones que no serían el resultado del

---

[15] Cfr. BÖCKENFORDE. "Origen y cambio del concepto de Estado de Derecho", cit., pp. 34 y ss.; CHEVALLIER. *L'État de droit*, cit., pp. 105 y ss.

ejercicio de competencias, derivadas de normas de habilitación, y en la que esos poderes públicos podrían aplicar o no normas, en distintos grados y con distintas consecuencias, con independencia de la similitud de situaciones o circunstancias a las que aplicarían esas normas. Estaríamos frente a la arbitrariedad; y, posiblemente, el concepto opuesto (en el sentido hofeldiano: lo que se niega), el negativo, de la idea de Derecho es el de arbitrariedad y no el de injusticia.

Por tanto, el concepto estrictamente formal de Estado de Derecho no se diferenciaría en demasiadas cosas de un concepto de Estado que ejerce su coerción y desarrolla su capacidad normativa a través del Derecho. Lo señala Gregorio Peces-Barba cuando escribe: "Este concepto de Estado de Derecho puede ser entendido como la relación necesaria que en la cultura política y jurídica moderna tienen Derecho y poder. Eso significa afirmar que todo Estado es un Estado de Derecho, porque en todo Estado se da el apoyo a la eficacia de un sistema jurídico, todo Derecho supone siempre regulación del uso de la fuerza del poder. Este planteamiento es neutro desde el punto de vista axiológico y se puede aplicar tanto a una dictadura como a una democracia. Pero esa constatación de que todo Estado es Estado de Derecho es poco relevante, no añade nada para la valoración de los tipos de poder ni suministra elementos adicionales a la legitimidad de ejercicio, que es, sin embargo, lo que interesa"[16].

Desde un punto de vista exclusivamente teórico, se podría pensar que, históricamente, el primer modelo de Estado de

---

[16] G. Peces-Barba. "Derecho y fuerza", en AA. VV. *Curso de Teoría del Derecho*, Madrid, Marcial Pons, 1999, p. 108. Cfr. Zagrebelsky. *El Derecho dúctil*, cit., p. 23.

Derecho que se teoriza es un modelo formal, en el que la idea de imperio de la ley desarrolla un papel muy importante. A este modelo le sucedería un modelo sustancial o material de Estado de Derecho. En este punto puede caber cierta confusión, ya que si se afirma, por una parte, que se opta por un modelo sustancial, caracterizado por la presencia de dos elementos (imperio de la ley y derechos fundamentales), y posteriormente se habla de Estado de Derecho formal (imperio de la ley), parecería lo más lógico que no se considerara que el Estado de Derecho formal es Estado de Derecho, ya que carecería de los requisitos básicos. En todo caso, creo que en este punto es bueno recordar que, como veremos más adelante, tras la idea de imperio de la ley se esconden determinadas exigencias morales, vinculadas en última instancia a la idea de autonomía individual, con lo cual incluso detrás de un concepto formal de Estado de Derecho se esconden dimensiones sustanciales. El tema que se plantea es que, si la noción de imperio de la ley tiene un significado moral (LAPORTA, cfr. infra) y el imperio de la ley o, por lo menos alguna de sus dimensiones mínimas, se materializa en cualquier Estado vinculado a un Ordenamiento jurídico, entonces incluso el Estado no democrático que tiene un mínimo respeto a la ley tendría un determinado valor moral. La aparente paradoja se podría solucionar afirmando que en realidad cualquier sistema jurídico en el que se cumplan los mínimos que excluyen en términos generales la arbitrariedad (que podrían coincidir con ciertas exigencias como las de la "moral interna del Derecho"[17]), ope-

---

[17] Cfr. al respecto, R. ESCUDERO ALDAY. *Positivismo y moral interna del Derecho*, Madrid, Centro de Estudios Políticos y Constitucionales, 2000; ÍD. "Argumentos para la recuperación de la teoría de Lon L. Fuller", *Anuario de Filo-*

raría como un sistema de información. Y la existencia de esa información merece ser apreciada desde el punto de vista moral, con independencia del juicio moral que nos merezca el contenido de esa información. En efecto, se puede informar sobre el tratamiento que va a recibir un determinado colectivo racial a partir de la afirmación del principio general que reconoce la supremacía de la raza aria, o se puede informar sobre la prohibición de medidas discriminatorias derivada de la afirmación del principio de igualdad. En este sentido, cualquier estructura normativa en la que existen reglas referidas a las conductas obligatorias, prohibitivas o permitidas y a las consecuencias de la actuación o no de acuerdo con las reglas, favorecería la previsibilidad de actuaciones de los destinatarios de las normas, con independencia de que esa construcción se desarrolle en un marco de indignidad[18]. Creo que esta cuestión debe ser entendida a partir de la admisión de un concepto fuerte de imperio de la ley que, como veremos más adelante, está determinado por el origen de la norma (Parlamento democrático) y por sus contenidos (derechos y libertades).

La anterior reflexión permite llegar en este momento a la conclusión de que las primeras manifestaciones del modelo jurídico propuesto por las revoluciones liberales de finales del siglo XVIII y principios del XIX, en las que, de acuerdo con la concepción liberal del Estado, se introducen mecanismos de limitación del Poder (en forma de separación de poderes y de

---

sofía del Derecho, XIX, 2002; F. ARCOS RAMÍREZ. *La seguridad jurídica. Una teoría formal*, Madrid, Dykinson, 2000; ÍD. "Una defensa de la *moral interna del Derecho*", *Derechos y libertades*, n.º 9, 2000.

[18] Cfr. E. DÍAZ. *Sociología y Filosofía del Derecho*, Madrid, Taurus, 1984, p. 41.

garantía de derechos (art. 16 de la Declaración de 1789) y se reconocen determinados derechos, constituyen en realidad las primeras manifestaciones del Estado de Derecho[19] o, para ser más exactos, del modelo liberal del Estado de Derecho. En este sentido, aunque el término se comienza a utilizar más adelante –se señala al respecto que la primera vez que aparece es en la obra de CARL TH. WELCKER, *Die lezten Guünde von Recht, Staat und Strafe* (1813), siendo utilizado posteriormente por autores como VON MOHL, VON ARETIN, STAHL, VON GNEIST, GERBER, IHERING, JELLINEK, LABAND–, el modelo, con sus características e implicaciones, funciona desde antes. Por su parte, el modelo social (y, en su caso, el democrático) se desarrollaría a partir de las contradicciones internas de la propuesta liberal y de la evolución de otros factores políticos, sociales y económicos[20].

Por tanto, el concepto de Estado de Derecho que se defiende incluye dos elementos básicos: imperio de la ley y derechos fundamentales[21]. Este segundo elemento lo diferenciaría del concepto formal y permitiría, a su vez, distinguir distintos tipos o modelos de Estado de Derecho, en función de los derechos reconocidos y garantizados[22]. Al respecto PETER HÄBERLE

---

[19] En este sentido, DE CARRERAS. *El Estado de Derecho como sistema*, cit., p. 5.
[20] Cfr. al respecto, E. DÍAZ. *Estado democrático y sociedad democrática*, Cuadernos para el Diálogo, Madrid, 1973; ÍD. "Estado de Derecho: exigencias internas, dimensiones sociales", *Sistema*, n.º 125, 1995. También A. E. PÉREZ LUÑO. *Estado de Derecho, derechos humanos y Constitución*, Madrid, Tecnos, 1986, pp. 223 y ss.
[21] Cfr., entre otros, DE CARRERAS. *El Estado de Derecho como sistema*, cit.
[22] Al respecto señala A. E. PÉREZ LUÑO que "la independencia recíproca entre las teorías de los derechos fundamentales y del Estado de Derecho es tal, que gran parte de las incertidumbres e imprecisiones que han aquejado a la moderna construcción del *Rechsstaat* nacen de haber olvidado esta

ha señalado que la independencia recíproca entre concepciones del Estado y concepciones de los derechos se hace patente en cuestiones tales como el tipo y número de derechos reconocidos en el sistema jurídico, en la configuración de sus límites y de sus contenidos, en la articulación y extensión de sus mecanismos de tutela, en las modalidades de titularidad y en la mayor o menor capacidad reconocida al legislador en relación con su desarrollo[23].

2. *El Estado constitucional*

En España, ANTONIO E. PÉREZ LUÑO se ha ocupado, entre otros, de analizar, por una parte, los datos de los Ordenamientos jurídicos democráticos actuales en los que se asienta el desarrollo del Estado constitucional y, por otra, los planteamientos teóricos a partir de los cuales se afirma que el Estado constitucional es en realidad una alternativa al Estado y no el resultado de una transformación o prolongación del Estado de Derecho[24]. En efecto, y respecto a la primera dimensión de las aludidas, la de los datos suministrados por los Ordenamientos jurídicos, cabría plantearse, antes de señalarlos, hasta qué punto preceden a la reflexión doctrinal no siendo, en realidad, el resultado de ésta. Así, si se observan esos datos, bien podríamos afirmar que los defensores de la sustantividad del Esta-

---

interdependencia": *Estado de Derecho, derechos humanos y Constitución*, cit., p. 213.

[23] Cfr. P. HÄBERLE. *Le libertà fondamentali nello Stato costituzionale*, Roma, La Nuova Italia Scientifica, 1994, p. 192.

[24] Cfr. A. PÉREZ LUÑO. "Estado constitucional y derechos de la tercera generación", *Anuario de Filosofía del Derecho*, vol. XIV, 1997, pp. 545 y ss.

do constitucional respecto al Estado de Derecho en realidad se han limitado, a la hora de caracterizar a aquel, a levantar acta de sus rasgos y notas definitorios, desarrollando de esta manera una labor descriptiva y no prescriptiva. En todo caso, y con independencia de lo anterior, observamos –así lo señala Pérez Luño– en los Ordenamientos jurídicos actuales una triple transición:

– De la primacía de la ley a la primacía de la Constitución.
– De la reserva de ley a la reserva de Constitución.
– Del control jurisdiccional de la legalidad al control jurisdiccional de la constitucionalidad.

La primera transición adquiere sentido en presencia de muchos factores. Así, entre otros factores, de los fenómenos de infraestatalidad y supraestatalidad en cuanto a la producción de normas jurídicas y a integración de determinadas fuentes en el Ordenamiento jurídico. Es evidente que estos fenómenos caracterizan la configuración y el funcionamiento de los Ordenamientos jurídicos democráticos, por lo menos de nuestro entorno. En ocasiones se presentan estos fenómenos como el resultado de la debilidad de la ley: la ley ha perdido su primacía y su posición preferente en el Ordenamiento jurídico y por ello se desarrollan estos fenómenos. Posiblemente la cuestión podría enfocarse desde otra perspectiva: la complejidad de las relaciones sociales y de las estructuras en las que se integran los comportamientos humanos (objetivo último de las normas jurídicas) obliga a un reposicionamiento del lugar y de las características de la ley: en efecto, no todas las leyes son hoy normas generales y abstractas. Por otra parte, la primacía de la Constitución podría también analizarse directamente vinculada al desplazamiento de la ley. Con independencia de la necesidad de adecuación de la ley a las nuevas realidades sociales, no hay que olvidar que la supremacía de la Constitución es en realidad el resultado de la superación de la concepción que la entendía como norma programática, declaración de principios, sin valor vinculante directo, y cuya aplicabilidad exige el posterior desarrollo normativo por parte del legislador. Es evidente que tomarse en serio la Constitución como norma superior del Ordenamiento jurídico, directamente aplicable y vinculante respecto a todos (poderes e individuos) supone afirmar la necesidad de establecer mecanismos jurisdiccionales de control de constitucionalidad (tercera de las transiciones señaladas por PÉREZ LUÑO), y en ese sentido se entiende en nuestro siglo la aportación kelseniana en relación con los mecanismos de control de constitucionalidad.

Por su parte, la segunda de las transiciones antes señaladas (de la reserva de ley a la reserva de Constitución) también puede entenderse en directa relación con la complejidad social. La idea según la cual determinadas materias deben ser reguladas exclusivamente a través de un determinado tipo de norma (la ley, en este caso) implica que esa norma ocupa una determinada posición en el Ordenamiento jurídico y que los mecanismos de formación de la misma la dotan de una determinada singularidad respecto a otras normas. Hoy, asistimos no sólo a la proliferación de instrumentos normativos indisociables de la actividad y objetivos del Estado social, sino también a la proliferación de leyes-medida, caracterizadas por la concreción y especificidad no sólo de las situaciones reguladas sino también de las propias regulaciones. Nada más alejado de esa norma general y abstracta en la que pensaba ROUSSEAU cuando señalaba su concepto de ley. Ello, además de otros factores, podría explicar el hecho de que la consideración de determinadas materias entre las que destacan "los aspectos básicos del *status* jurídico de los ciudadanos"[25], exige la reconducción de la reserva de su regulación a la Constitución o a normas que ocupan una posición cualificada (tanto desde el punto de vista formal como desde el punto de vista material) en la estructura del Ordenamiento jurídico, como las leyes orgánicas, entre nosotros.

Por otra parte, tiene también razón PÉREZ LUÑO cuando condensa los planteamientos que defienden la contradicción entre el Estado de Derecho y el Estado constitucional de la siguiente manera: "1) la pérdida de la función de legitimidad del Estado de Derecho, al quedar reducido a Estado de mera legalidad; 2) el rechazo del positivismo jurídico en cuanto ideología responsable de la involución del Estado de Derecho y en cuanto teoría incapaz de explicar, de forma adecuada, los rasgos básicos de los sistemas jurídicos del presente"[26].

La primera afirmación insiste en desvincular al Estado de Derecho de la idea de legitimidad. De acuerdo con lo anterior, y en contraposición al Estado constitucional que se caracterizaría por la presencia de contenidos normativos sustanciales "fuertes", el Estado de Derecho sería una estructura exclusivamente formal. Creo que dicha crítica pierde sentido cuando se mantiene, como se hace en estas líneas, una concepción sustancial del Estado de Derecho. Desde ese momento, la desvinculación entre legalidad y legitimidad ya no se puede seguir manteniendo[27]. La presencia en un Ordenamiento jurídico de normas de derechos fundamentales, con rango constitucional, vincula, a la

---

[25] PÉREZ LUÑO. "Estado constitucional y derechos de la tercera generación", cit., p. 551.
[26] Ibíd., p. 560.
[27] Cfr. J. HABERMAS. "¿Cómo es posible la legitimidad por vía de la legalidad?", *Doxa*, n.º 5, 1988, pp. 21 y ss.

hora de determinar la validez de las normas, los aspectos formales y sustanciales. Es evidente que si se admite la posibilidad de hablar de un concepto estrictamente formal de Estado de Derecho, determinado exclusivamente por la presencia del imperio de la ley, el Estado de Derecho se puede reducir a mera legalidad (esta es la denuncia que se efectúa frente a la comprensión estrictamente positivista y formalista del Estado de Derecho); pero la otra opción, la de la concepción sustancial o material, obliga a dotar de contenido a esa legalidad, contenido que, como poco, va a estar determinado por la presencia de normas de derechos fundamentales en ese Ordenamiento jurídico; ello, con independencia del modelo –liberal o social– de Estado de Derecho en el que estemos pensando.

Lo anterior nos permite afirmar que, en realidad, el Estado constitucional no es sino una prolongación, desarrollo o especificación del Estado de Derecho. La opción por un concepto material de Estado de Derecho contribuye en este sentido a difuminar las diferencias entre el Estado de Derecho y el Estado constitucional. En efecto, el Estado constitucional es caracterizado en ocasiones acentuando los rasgos y consecuencias de la positivación de derechos. Por ejemplo, PERFECTO ANDRÉS IBÁÑEZ señala como rasgos los siguientes: 1. " la incorporación al Orden jurídico positivo de un cuadro de valores, los conocidos como *derechos fundamentales* del ideario liberal, dotados de garantías formales de cierto grado de eficacia potencial; y también de algunos derechos *sociales*, que cuentan con una protección bastante más débil, desde el momento en que su prestación aparece prácticamente confiada a la discrecionalidad estatal"; 2. "la consagración del principio de legalidad, que implica el imperativo de sumisión de la acción de todas las instancias del poder a la ley general y abstracta, y, consecuentemente, al control judicial de la legalidad de sus actos"; 3. "la funcionalización del ejercicio de todos los poderes a la garantía del disfrute de los derechos del primer orden y a la efectividad de los del segundo"[28]. A la luz de esta caracterización, surge la cuestión sobre las auténticas diferencias entre el Estado de Derecho y el Estado constitucional. Los dos aspectos básicos, la vinculación a la ley y el reconocimiento –con las consecuencias derivadas de dicho reconocimiento– del Estado de Derecho se reproducen en el modelo del Estado constitucional.

De lo anterior se podría afirmar que tienen razón aquellos que señalan que, en realidad, asistimos a una transformación del Estado de Derecho, que hoy asumiría la forma del Estado constitucional. No nos podemos detener en este momento a examinar todos y cada uno de los aspectos de dicha transformación. Si tuviéramos que señalar algún elemento a partir del cual se pudiera obtener una consideración global de la situación, posiblemente se podría aludir al hecho –por otra parte evidente– de que, si bien el Estado de Derecho se caracteriza por el principio de legalidad, el Estado constitucional se vincula al principio de constitucionalidad[29]. Tanto el principio de legalidad como el principio de constitucionalidad implican la idea de control, de límite, de sujeción al Derecho, que es imprescindible en el Estado de Derecho; pero, se podría afirmar, el Derecho en el que se está pensando en cada caso no es el mismo. Si se me permite la comparación, en el Estado de Derecho se pien-

---

[28] P. ANDRÉS IBÁÑEZ. "Introducción", en ÍD. (ed.). *Corrupción y Estado de Derecho. El papel de la jurisdicción*, Madrid, Trotta, 1996, p. 10.

[29] Cfr. M. GARCÍA PELAYO. "Estado legal y Estado constitucional de Derecho", *Obras completas*, vol. III, Madrid, Centro de Estudios Constitucionales, 1991, pp. 3028 y ss.

sa exclusivamente en el Derecho de la ley y en el Estado constitucional se piensa en última instancia en el Derecho de la Constitución. Creo que en ambos casos la idea de la vinculación al Derecho se mantiene firme. Lo que sí es cierto es que, dadas las características de los textos constitucionales contemporáneos, las consecuencias de esa vinculación son bien específicas. Tengamos en cuenta, por ejemplo, la presencia de principios y valores en las constituciones con todo lo que eso implica en relación con la necesidad de una determinada argumentación racional y con la reformulación de la actividad judicial. Por lo que afecta a la idea de control, límite, se desarrolla tanto en el Estado de Derecho como en el Estado constitucional. En todo caso, podríamos afirmar que existen problemas que se plantean de forma específica en el Estado constitucional. Podemos pensar, por ejemplo, en la tensión que se produce entre derechos y Constitución, de un lado, y democracia, de otro. En efecto, en el Estado constitucional, en el que la actividad del Legislativo debe desarrollarse en el marco de lo establecido por la Constitución, los contenidos de la norma superior del Ordenamiento constituyen un límite infranqueable, incluso frente a las decisiones del Poder legislativo. Esta tensión en realidad es la que se produce entre determinados contenidos, los derechos que aparecen en la Constitución, y las decisiones, que, de acuerdo con la regla de las mayorías (criterio básico en democracia), se toman en el Legislativo. Ello nos sitúa frente a problemas, en los que no nos podemos detener aquí, como son, por ejemplo el de los límites de la deliberación política en democracia, el del origen y criterios de identificación de esos contenidos inalterables, entre otros. En todo caso, sí cabe subrayar aquí que este problema se plantea básicamente en el Estado constitucional, en el que el imperio de la ley toma forma de principio de constitucionalidad que vincula a todos los poderes, incluido aquel que antes había constituido la sede en la que se adoptaban las decisiones últimas: el poder legislativo.

En relación con la adjudicación de responsabilidad al positivismo jurídico de la involución del Estado de Derecho, cabría plantear dos cuestiones: ¿qué positivismo jurídico?, y ¿qué involución? Comenzaremos por la segunda. Si la involución se identifica con la supuesta imposibilidad del positivismo para explicar la presencia de determinados contenidos en el Ordenamiento jurídico y la importancia de estas dimensiones a la hora de identificar las normas pertenecientes al sistema jurídico, cabría señalar aquí que parece que la exclusiva identificación kelseniana entre sistemas estáticos y sistemas morales, de un lado y sistemas dinámicos y sistemas jurídicos, de otros, estás superada en la actualidad, ya que la validez de las normas jurídicas es el resultado del concurso de condiciones propias de los sistemas estáticos y de los dinámicos. En relación con la primera cuestión, cabe recordar también que muchas de las críticas dirigidas al positivismo jurídico no son conscientes de la pluralidad de formas en las que este puede manifestarse, y se ha manifestado. Podríamos decir que muchas críticas confunden la parte con el todo[30], o construyen un concepto de positivismo jurídico estrecho y deformado[31]. En efecto, hay dimensiones del positivismo jurídico que en la actualidad pue-

---

[30] Cfr. al respecto, ZAGREBELSKY. *El Derecho dúctil*, cit.; F. ANSUÁTEGUI ROIG. "¿Crisis del positivismo jurídico? Dos respuestas italianas: Zagrebelsky y Scarpelli", *Derechos y Libertades*, n.º 2, 1993-1994, pp. 113 y ss.

[31] Cfr. A. GARCÍA FIGUEROA. "El no positivismo principialista en *Il diritto mite* de Gustavo Zagrebelsky", *Anuario de Filosofía del Derecho*, XIII, 1996, pp. 87 y ss.

den ser defendidas, en mi opinión, y otras que no[32]. Si atendemos aquí a la ya clásica distinción de BOBBIO entre positivismo metodológico, positivismo teórico y positivismo ideológico, parece que si algún tipo de positivismo pudiera ser reivindicado en la actualidad, éste sería el positivismo metodológico, es decir aquel que afirma, de un lado, la posibilidad (también se podría afirmar la conveniencia) de la separación conceptual entre el Derecho y la moral, es decir, la idea de que la existencia de una norma jurídica no depende de que ésta tenga unos u otros contenidos morales y, de otro, la idea de que las normas jurídicas son un producto humano (origen social de las fuentes del Derecho). Es evidente que la moralidad a la que se está aludiendo aquí es la moralidad crítica, ya que en un sistema jurídico siempre van a concurrir planteamientos sobre lo bueno y lo malo. Por su parte, ni el positivismo teórico (con su defensa de una determinada idea de la ley y de la interpretación y aplicación de la misma) ni el positivismo ideológico son defendibles en la actualidad. Si lo anterior es cierto, permanece la cuestión sobre cuál es la influencia del positivismo jurídico (no necesariamente entendido como lo conciben sus críticos) en esa "involución" del Estado de Derecho.

3. *El imperio de la ley y la crisis de la ley*

Se ha señalado que la idea de imperio de la ley tiene "un significado ambiguo y poco preciso"[33]. Dicha idea implica, en

---

[32] Cfr. al respecto, L. PRIETO SANCHÍS. *Constitucionalismo y positivismo*, México, Fontamara, 1998.

[33] M. GASCÓN ABELLÁN. "El imperio de la ley. Motivos para el desencanto", *Jueces para la Democracia*, n.º 32, 1998, p. 25.

principio, la primacía de una norma, la ley. Al respecto se plantean diferentes cuestiones, como son, por ejemplo, las de saber cómo se justifica esa primacía, qué significa esa primacía, de qué tipo de norma se está hablando.

Posiblemente cabe señalar dos acepciones o modos de entender la idea de imperio de la ley: una amplia o débil y otra restringida o fuerte. La primera alude a la superioridad jerárquica de la ley en el sistema de fuentes y a la obligación jurídica de obediencia que se deriva de esa posición y que afecta a los destinatarios del Ordenamiento jurídico. La segunda afirma también la primacía de la ley, pero lo hace subrayando su origen democrático: la ley es la norma dictada por el Parlamento respetando las exigencias de la democracia[34].

Parece evidente que no existe una necesaria vinculación entre el Estado de Derecho y la concepción amplia o débil. La superioridad de la ley como norma jurídica y su carácter obligatorio son compatibles con un sistema no democrático, lo cual niega esa relación necesaria con el Estado de Derecho, entendido éste como la articulación jurídica de la democracia. En cambio, en el marco de un sistema democrático y de un Estado de Derecho, la ley ocupa su posición en el Ordenamiento jurídico precisamente por ser el resultado de la acción normativa del Parlamento. Además, también en el marco del Estado de Derecho, la ley no puede tener un contenido cualquiera ya que su finalidad es en última instancia la garantía de los derechos de

---

[34] La idea de imperio de la ley también se puede analizar a la luz de los distintos sentidos del concepto de ley, vinculados a su vez con diferentes vertientes de la crisis de la ley. Cfr. F. J. LAPORTA. "Materiales para una reflexión sobre racionalidad y crisis de la ley", *Doxa*, n.º 22, 1999, pp. 321 y ss.

los individuos; de ahí que el Estado de Derecho –entendido como Estado constitucional– constituya el paradigma de la propuesta garantista[35]. Por ello la opción por la versión fuerte del imperio de la ley permite comprender mejor el sentido y la operatividad de este concepto en el Estado de Derecho. Admitido un concepto material o sustancial de Estado de Derecho, el contenido de la ley está vinculado a los derechos fundamentales. Por eso, también, adquiere sentido señalar que la legalidad del Estado de Derecho es una legalidad selectiva[36].

De acuerdo con lo anterior, hablar de imperio de la ley en el marco de un Estado de Derecho implica sometimiento a la ley democrática, caracterizada tanto en cuanto a su origen (Parlamento) como en cuanto a su contenido (derechos fundamentales). Más adelante veremos que esta idea sufre algún tipo de reformulación en el Estado constitucional. Pero, ¿por qué entendemos que el imperio de la ley es algo valioso y que sus exigencias deben ser materializadas? Se ha subrayado la consideración del imperio de la ley como un "universo ético", como "un complejo imperativo moral dirigido al sistema jurídico y que lleva en sí tanto un haz de exigencias materiales respecto a su contenido como un conjunto de exigencias formales respecto a su estructura"[37]. De acuerdo con esto, la existencia de la ley no es suficiente para hablar de imperio de la ley, por lo menos en el sentido adecuado para vincularlo al Estado de

---

[35] Cfr. L. FERRAJOLI. *Derecho y razón*, P. ANDRÉS et ál. (trad.), Madrid, Trotta, 1995.

[36] Cfr. E. FERNÁNDEZ GARCÍA. "Hacia un concepto restringido de Estado de Derecho", *Sistema*, n.º 138, 1997, p. 102.

[37] F. J. LAPORTA. "Imperio de la ley. Reflexiones sobre un punto de partida de Elías Díaz", *Doxa*, n.º 15-16, 1994, p. 135.

Derecho; en efecto, la ley también existe, y se cumple, en situaciones no democráticas y en Estados que no son de Derecho. Tenemos por lo tanto frente a nosotros una buena razón para preferir la versión fuerte del imperio de la ley.

LAPORTA reconduce el valor moral del imperio de la ley al principio ético de autonomía de la persona, entendido como la característica del individuo que como agente moral "decide sobre sus propias acciones, gobierna el curso de su conducta y diseña su proyecto de vida a partir de datos y exigencias que él mismo tamiza y acepta críticamente"[38]. Así, el imperio de la ley sería una condición del ejercicio de la autonomía en el interior de los grupos humanos y sociales en los que necesariamente se integra el individuo. La propia construcción de los planes de vida individuales, la materialización de las opciones individuales necesita desarrollarse en el interior de un marco normativo decidido por aquel que tiene el monopolio de la producción normativa: el Estado. Por ello es necesario que ese marco goce de unos elevados grados de estabilidad, esto es que las dimensiones paramétricas prevalezcan sobre las estratégicas[39], de manera que se produzca una "disminución de los factores de incertidumbre"[40]. Eso se consigue, en opinión de LAPORTA, a partir de la existencia de un conjunto de reglas, con una determinada estructura y que deben ser aplicadas de acuerdo con concretas condiciones, lo cual supone: 1. Optar por una concepción normativista del Derecho frente a una decisionista; 2. Afirmar

---

[38] Ibíd.
[39] Cfr. LAPORTA. "Imperio de la ley. Reflexiones sobre un punto de partida de Elías Díaz", cit., pp. 138 y 139.
[40] M. GARCÍA PELAYO. *Las transformaciones del Estado contemporáneo*, Madrid, Alianza, 1982, p. 54.

que las normas deben haber sido dictadas por una autoridad competente, deben ser generales, no retroactivas, estables, públicas y claras; 3. La existencia de límites institucionales, condiciones de imparcialidad, y exigencias de argumentación en los procesos de aplicación de las normas[41].

Cuando se habla de crisis de la ley se alude a circunstancias o factores de distinto tipo[42]. Aunque es difícil deslindar claramente la naturaleza política o jurídica de algunas circunstancias, sí podemos afirmar que existen ciertos factores de tipo predominantemente político que influyen en esa "crisis". Así, por ejemplo, el debilitamiento del imperio de la ley se constata, se afirma, "cuando el derecho deja de cumplirse y el Estado no interviene. Organizaciones delictivas que actúan impunemente ante la pasividad, cuando no la complicidad, de la policía, absoluciones judiciales injustificables (jurídicamente) aunque perfectamente explicables (socialmente), son ejemplos de esta abdicación de la legalidad que no sólo contribuye a paliar el conflicto social, sino que además crea una situación en la que muchos ciudadanos no tienen protegidos sus derechos y enerva 'de manera preocupante' la confianza de la población en un Estado que ni siquiera se muestra capaz de garantizar el orden y la seguridad"[43]. También se alude a las patologías de la democra-

---

[41] LAPORTA. "Imperio de la ley. Reflexiones sobre un punto de partida de Elías Díaz", cit., pp. 139 y ss.
[42] Cfr. GASCÓN ABELLÁN. "El imperio de la ley. Motivos para el desencanto", cit.; PRIETO SANCHÍS. "Del mito a la decadencia de la Ley. La Ley en el Estado constitucional", cit.; L. HIERRO. "El imperio de la ley y la crisis de la ley", ÍD. *Estado de Derecho. Problemas actuales*, México, Fontamara, 1998, pp. 17 y ss.
[43] GASCÓN ABELLÁN. "El imperio de la ley. Motivos para el desencanto", cit., p. 30.

cia liberal, una de cuyas expresiones máximas es la de la corrupción; o a la, en ocasiones plagada de demoras y dificultades añadidas, situación y tratamiento que reciben algunos derechos sociales[44].

En todo caso, me interesa detenerme en los factores "jurídicos" que provocarían esa crisis de la ley. Todos ellos no harían sino ratificar, desde diversos ángulos y perspectivas, la idea según la cual la ley habría perdido la posición de primacía que ocupaba tradicionalmente en los Ordenamientos jurídicos. Creo, en este sentido, que el factor de referencia es el que viene determinado por la transformación del sentido y del valor de la Constitución. Ya no podemos hablar de un texto meramente programático, que *toca tierra* cuando es desarrollado por el legislador. La Constitución es, además de la norma suprema del Ordenamiento, directamente vinculante y aplicable[45]. Todo ello afecta de manera directa a la ley, que ya no es la norma central del Ordenamiento: está subordinada a la Constitución, adquiere validez de acuerdo con las condiciones –formales y materiales– especificadas por ésta. Lo cual tiene consecuencias importantes en lo que afecta a la concepción de la división de poderes, que ahora sufre una reformulación desde el momento en que el legislador ya no es soberano: está sometido a la Constitución y a un órgano específico que controla, desde el punto de vista de su constitucionalidad, sus decisiones normativas. La sobe-

---

[44] Cfr. ibíd., pp. 31 a 33.
[45] Cfr. E. GARCÍA DE ENTERRÍA. "La Constitución como norma jurídica", en ÍD. *La Constitución como norma y el Tribunal Constitucional*, Madrid, Civitas, 1982, pp. 35 y ss.; R. L. BLANCO VALDÉS. *El valor de la Constitución*, Madrid, Alianza, 1994.

ranía, hoy, se reconduce a la Constitución y al Poder que la crea, que no es el legislador sometido a ella.

Por otra parte, es cierto que la "soledad" que tradicionalmente había caracterizado la posición de la ley en la ordenación jerárquica de las fuentes ha desaparecido, desde el momento, en primer lugar, en que los Ordenamientos estatales hoy reciben del exterior, de las organizaciones en las que se integran los Estados, normas en ocasiones de directa validez y aplicabilidad y que muchas veces están, en la estructura del Ordenamiento jurídico, por encima de la ley. En segundo lugar, se alude también a la situación que se produce en aquellos Estados con una estructura en la que se articula un reparto territorial del Poder con directas consecuencias para el Ordenamiento jurídico desde el momento en que los centros que comparten la imputación del Poder político con el Estado "central" tienen reconocida capacidad normativa. Lo que ocurre en tal caso no sería, en mi opinión, una pérdida de la posición central de la ley, sino una pérdida de esa "soledad" a la que antes se aludió por parte de la ley del Estado central, que ahora se ve acompañada por otras leyes (con sus mismas características, y por tanto sometidas a las mismas críticas) dictadas por otras autoridades, que no son sino el modo que tiene el Estado de manifestar su presencia en determinados territorios.

También es cierto que hoy la ley ha perdido sus tradicionales rasgos de generalidad y abstracción. Dicha pérdida posiblemente puede explicarse a la luz del desarrollo del Estado social, en el marco del cual la necesidad de constante intervención y decisión se manifiesta necesariamente en la puesta en marcha de un proceso de multiplicación de normas –leyes en este caso, pero no sólo–, lo cual redunda no sólo en la calidad técnica del "producto", sino también en su falta de generalidad y abstracción.

Hoy, como todos sabemos, las leyes-medida están pensadas para solucionar problemas, en algunos casos puntuales, y, en todo caso, han perdido los rasgos tradicionales. La ley general y abstracta es el principal instrumento del Estado a la hora de crear condiciones de acción pero no es entendida, en su momento, como un instrumento de acción. Está vinculada, en este sentido, con un Estado que "se limitaba a crear las condiciones mínimas ambientales para que los sistemas social y económico, supuestamente autorregulados, actuaran con arreglo a su propia dialéctica, es decir, la ley creaba un orden para la acción de otros, pero ella misma no era –normalmente– un instrumento de acción o intervención del Estado en el curso de los acontecimientos"[46]. Por otra parte, esta concepción de la ley está vinculada también a una determinada idea de la racionalidad que admite que el Parlamento, foro en el que se desarrolla la discusión en condiciones de libre concurrencia (en claro paralelismo con una determinada concepción del mercado) es el ámbito propicio para generar decisiones racionales. Es en realidad la idea de que existe "una racionalidad objetiva que encierra tanto un *logos* (unas relaciones necesarias entre las cosas) como un *nomos* (cuya expresión es el derecho natural), que hay un orden objetivo inmanente a la realidad asequible al entendimiento, sea partiendo de unos principios seguidos de un discurso lógico, sea mediante un proceso de análisis y síntesis"[47]. Cuando desaparecen las condiciones en las que se basa esta concepción de la ley, se transforma la concepción misma.

---

[46] GARCÍA PELAYO. *Las transformaciones del Estado contemporáneo*, cit., p. 62.
[47] Ibíd.

¿Quiere decirse con ello que no tiene sentido aludir a la generalidad y a la abstracción como rasgo de ninguna norma jurídica? Creo que esos rasgos pueden seguir siendo predicados de otra norma, la Constitución. Ahora la norma general y abstracta es la Constitución. El carácter general, abstracto e incluso abierto de las normas constitucionales explica que, en ocasiones, se haya afirmado que las normas constitucionales –o alguna de ellas– son principios (o, por lo menos, funcionan como principios). Ello tiene como consecuencia necesaria una reconsideración de la labor de los sujetos intérpretes de la Constitución. Este carácter de las normas constitucionales, se podría pensar, facilita –es más, exige– la introducción de planteamientos morales, de valoraciones, y la puesta en marcha de técnicas específicas, como la ponderación. Es cierto que estas circunstancias obligan a una reformulación de una determinada concepción de la seguridad jurídica, concepto básicamente vinculado al imperio de la ley, ya que, "si en el centro de la noción misma de Estado de Derecho se encuentra la exigencia de predecibilidad de las decisiones del poder, entonces la constante interinidad de la ley bajo el parámetro constitucional socava bastante dicha predecibilidad y con ella la certeza del Derecho"[48]. Pero no significa su destrucción. Como afirma MARINA GASCÓN, "tan sólo pone de manifiesto la incidencia que tienen en la actuación del juez las condiciones reales en las que se está llamado a operar en el Estado constitucional y la necesidad de que en estos casos se esmere la argumentación para no renunciar a valores como la previsibilidad, la imparcialidad, la seguridad,

---

[48] LAPORTA. "Materiales para una reflexión sobre racionalidad y crisis de la ley", cit., p. 326.

la igualdad en la aplicación de la ley y el carácter no arbitrario de la decisión judicial"[49]. Y por otra parte, desde una determinada perspectiva, se podría afirmar que la Constitución, al representar un marco de estabilidad y previsibilidad que en la actualidad ya no puede garantizar la ley, que hoy es rápida, inestable, cambiante, también contribuye a la seguridad jurídica[50].

En todo caso, si pensamos en las exigencias éticas expresadas a través del imperio de la ley, no exclusivamente las vinculadas a un concepto fuerte (la ley como instrumento de protección y garantía de los derechos), sino vinculadas al favorecimiento de la autonomía personal, la Constitución (entendida no exclusivamente como norma suprema sino como norma suprema que garantiza derechos) contribuiría plenamente a ese favorecimiento, por lo menos desde dos perspectivas: 1. Al tener una menor carga contingente respecto a la ley, permite que el individuo adopte decisiones estratégicas, por lo me-

---

[49] GASCÓN ABELLÁN. "El imperio de la ley. Motivos para el desencanto", cit., p. 34. No obstante, en todo caso cabría plantearse hasta qué punto no fue ficticia una idea de la seguridad jurídica vinculada a una concepción silogística de la aplicación del Derecho en la que el juez era la boca muda que pronunciaba las palabras de la ley. Podríamos preguntarnos si realmente, y con independencia de los postulados teóricos de una determinada concepción, los jueces nunca introdujeron planteamientos valorativos, morales, e incluso personales, en la construcción de sus decisiones, o si realmente los jueces nunca tuvieron la necesidad de completar el arsenal instrumental que les suministraba el Ordenamiento jurídico desde el momento en que ya disponían de toda la información precisa para adoptar una determinada decisión.

[50] Cfr. GARCÍA PELAYO. "Estado legal y Estado constitucional", cit., p. 3036; ZAGREBELSKY. *El Derecho dúctil*, cit., pp. 39 y 40.

nos en mayor medida que en relación con la ley, y 2. El carácter principial que tienen gran parte de sus normas, por lo menos en lo que al ámbito de los derechos se refiere, y la consiguiente necesidad de ponderación de los pesos relativos de las pretensiones y posiciones, puede contribuir a una más completa consideración de los matices y vertientes de los diversos casos en cuestión, asegurando de esta manera una respuesta más adecuada por parte del Ordenamiento[51].

---

[51] Cfr. al respecto, N. MACCORMICK. "Retórica y Estado de Derecho", *Isegoría*, n.º 21, 1999, pp. 5 y ss.

CAPÍTULO TERCERO
POSITIVISMO JURÍDICO Y SISTEMAS MIXTOS

1. Introducción

Si algo comparte el positivismo jurídico con el iusnaturalismo, es la multiplicidad de direcciones y vertientes internas, elemento que complica su caracterización. De ahí que se explique el que una de las estrategias seguidas a la hora de identificar el positivismo como teoría sobre el Derecho haya consistido en la afirmación de determinadas tesis o propuestas básicas. La tesis de la separación conceptual entre el Derecho y la moral desempeña en este sentido la función de ser uno de los elementos identificadores del positivismo jurídico, al menos del positivismo metodológico.

El positivismo, que es básicamente una propuesta de definición y de comprensión del Derecho, debe estar atento a las informaciones que recibe de los Ordenamientos jurídicos concretos. Es en este punto en el que se observa la tensión entre la pretensión de generalidad y universalidad que caracteriza la Teoría del Derecho descriptiva elaborada por el positivismo, y la necesaria vinculación a la realidad del Derecho[1]. Esta tensión se muestra

---

[1] Cfr. J. RAZ. "¿Puede haber una teoría del Derecho?", en AA. VV. *El Derecho contemporáneo*, México, Universidad Autónoma del Estado de Hidalgo, 2004, pp. 19 y ss.

de manera evidente en relación con el Derecho del constitucionalismo. En efecto, los sistemas jurídicos de las democracias constitucionales representan valiosos campos de ensayo en los que someter a prueba y a examen afirmaciones y tesis básicas del positivismo. La presencia de dimensiones materiales o sustanciales en estos Ordenamientos jurídicos, en sus más elevados peldaños, que expresan concepciones morales relevantes y exigentes, está detrás de la discusión contemporánea en relación con los rasgos distintivos de los criterios de validez del Derecho, y con los tipos de positivismo jurídico[2], derivados de la posición que se asuma en relación con esa presencia.

En este trabajo abordaré algunos aspectos derivados de la incorporación de contenidos morales en el Ordenamiento jurídico. Aunque desde las filas del positivismo esta cuestión se aborda en relación con los sistemas jurídicos del constitucionalismo, creo que el positivismo jurídico debe ir más allá. Si tiene justificación centrar el punto de atención en estos sistemas es precisamente por el hecho de que en ellos se muestran en todo su relieve problemas que a su vez han centrado el interés de la Teoría del Derecho positivista, como el de la relación entre el Derecho y la moral. Las conclusiones que en su caso extraiga esta teoría deben ser capaces de explicar lo que ocurre en un sistema jurídico, con independencia de que éste pertenezca o no al constitucionalismo.

Articularé la reflexión que sigue de la siguiente manera. En primer lugar, identificaré algunas manifestaciones del esfuer-

---

[2] Cfr. al respecto, A. SCHIAVELLO. *Il positivismo giuridico dopo Herbert L. A. Hart. Un'introduzione critica*, Torino, Giappichelli, 2004; R. ESCUDERO ALDAY. *Los calificativos del positivismo jurídico. El debate sobre la incorporación de la moral*, Madrid, Civitas, 2004.

zo que desde el positivismo se ha efectuado a la hora de explicar en términos convincentes la presencia de dimensiones morales en el Ordenamiento jurídico. Aludiré en este sentido a las propuestas de HART y de PECES-BARBA, que se identifican con un positivismo *soft* o suave, y con un positivismo corregido, respectivamente (2). Como podremos observar, la propuesta de PECES-BARBA está pensando en un contexto jurídico y político en el que el Derecho incorpora una ética pública concreta y determinada. Este punto condiciona el análisis de la misma. Parece claro que estamos ante dos ejemplos que en última instancia intentan salvaguardar la tesis de la separación conceptual haciéndola compatible con el reconocimiento de dimensiones morales en el Derecho; lo cual implica una determinada interpretación de la tesis de la separación conceptual, que se abordará posteriormente (3). En último lugar, se intentará defender la caracterización de los sistemas jurídicos –no sólo los sistemas jurídicos del constitucionalismo– como sistemas mixtos, resultado de la confluencia de exigencias formales y materiales en lo que a la validez de las normas se refiere (4).

2. *El positivismo jurídico y la incorporacion de la moral*

A pesar de las dificultades con las que nos podemos encontrar cuando pretendemos llevar a cabo una identificación del positivismo jurídico, un análisis de sus potencialidades a la hora de afrontar la explicación de determinados sistemas jurídicos necesita una, aunque sea somera, explicitación de las tesis básicas del mismo. Pues bien, en mi opinión, el positivismo metodológico constituye, parafraseando a HART en su alusión al contenido mínimo de Derecho natural, el "núcleo de buen sentido" que en la actualidad se puede identificar en la propuesta positivista. Así, la distinción entre el Derecho que es y el Derecho que debe ser, y la posibilidad –y conveniencia– de una definición neutral del Derecho constituyen aportaciones valorables positivamente, y que culminan en la tesis de la separación entre el Derecho y la moral. El positivismo metodológico permite la constatación de una circunstancia de comprensión imprescindible para conocer no sólo el funcionamiento, sino también la existencia del Derecho. Me refiero a su carácter de técnica de control social, de lo que deriva la existencia de una doble falibilidad: técnica y moral. El Derecho puede errar a la hora de alcanzar sus objetivos, de la misma manera que puede plantearse objetivos indeseables desde el punto de vista moral. También, el positivismo metodológico permite llevar a cabo un análisis *realista* del fenómeno jurídico, desde el momento en que contempla la posibilidad de que, además de Ordenamientos jurídicos justos, existan también Ordenamientos jurídicos injustos, estando en ambos casos en condiciones de conceptualizarlos como Derecho. Por eso tiene razón HART, no sólo cuando diferencia entre un concepto amplio y otro restringido de Derecho, sino también cuando opta a favor del primero. Además, creo que una comprensión correcta de la propuesta del positivismo metodológico exige una adecuada comprensión de la tesis de la separación entre el Derecho y la moral. Parecería inocente y desfigurador de la realidad la afirmación de la inexistencia de puntos de contacto entre el Derecho y la moral. Todo Ordenamiento jurídico supone un punto de vista sobre la justicia y por tanto está vinculado a determinada opción moral. Pero una cosa es reconocer lo anterior y otra es hacer depender la identificación de lo jurídico del juicio que nos merezca esa opción moral. La separación que se propugna desde el positivismo metodológico es la separación entre el concepto de Derecho y la moral "correcta".

Es evidente que el juicio sobre la aceptabilidad de la propuesta positivista exige tener en cuenta los rasgos que caracterizan los Ordenamientos jurídicos contemporáneos. Hoy la reflexión sobre el posititivismo está condicionada por uno de los marcos en los que éste pretende ser operativo, que es el del constitucionalismo contemporáneo. A estos efectos, me parece ciertamente útil la propuesta de MASSIMO LA TORRE al distinguir entre Derecho como institución y Derecho como concepto[3]. En el primer caso, se alude al Derecho "como sistema jurídico, como conjunto de reglas válidas y eficaces y como el conjunto de conductas correspondientes"; en el segundo, se hace referencia al "conjunto de ideas sobre lo que es o debería ser el derecho como institución". A partir de ahí se afirma que "las perspectivas de evolución del Derecho como institución están inextricablemente ligadas a las perspectivas de evolución de las teorías del derecho, de manera que estas últimas no se pueden entender si no se toman en cuenta las primeras"[4]. En efecto, la teoría del Derecho no puede dar la espalda al Derecho como institución. Así, en la actualidad, el positivismo jurídico (Derecho como concepto) debe tener en cuenta los rasgos del Derecho suministrados por el Estado

---

[3] Cfr. M. LA TORRE. "Derecho y conceptos de Derecho. Tendencias evolutivas desde una perspectiva europea", *Revista del Centro de Estudios Constitucionales*, n.º 16, 1993, pp. 69 y 70.

[4] Ibíd., p. 70. En el mismo sentido, L. PRIETO afirma: "Las teorías y opiniones acerca de los sistemas jurídicos dependen en buena medida de las características de los propios sistemas, que es tanto como decir del modelo económico de cada etapa histórica": *Constitucionalismo y positivismo*, México, Fontamara, 1997, p. 8.

constitucional (Derecho como institución)[5]. Pero este no es un rasgo privativo del positivismo en la actualidad, ya que incluso propuestas básicamente críticas del positivismo, como la de ROBERT ALEXY, reconocen que el Estado democrático constitucional constituye el ámbito de su operatividad[6].

Pues bien, ¿qué versión del positivismo jurídico es la compatible con los condicionamientos del constitucionalismo contemporáneo? Creo que hay buenas razones para defender una concepción del positivismo: 1. Compatible y capaz de reconocer la inclusión de contenidos materiales en los criterios de reconocimiento, sin que ello implique contradicción con la idea del origen social de las fuentes del Derecho; 2. Que afirma la separación conceptual entre el Derecho y la moral correcta; 3. Que afirma la posibilidad de distinguir lo descriptivo de lo normativo a la hora de conocer el Derecho. Como es evidente, esta concepción es tributaria de la de HART.

---

[5] No obstante, la vinculación entre el Derecho como institución y el Derecho como concepto puede plantear el interrogante de hasta qué punto se está construyendo una teoría del Derecho "parcial", que invada los ámbitos propios de la dogmática jurídica. En todo caso, la Teoría del Derecho necesita elaborar sus propuestas a partir de los datos suministrados por los Ordenamientos jurídicos válidos y vigentes. En este sentido LUIS PRIETO señala: "la postulada generalidad o universalidad de la teoría del Derecho ha sido siempre más un ideal o programa que una realidad efectiva; por eso resulta inevitable que si la teoría del Derecho ha de dar cuenta de los rasgos más esenciales de los sistemas jurídicos hoy requiere conectarse a la Constitución y al Derecho constitucional": *Constitucionalismo y positivismo*, cit., p. 10. Más adelante (p. 56) reconoce explícitamente la reducida distancia que existe entre la Teoría del Derecho que se desarrolla en el Estado constitucional y la dogmática constitucional.

[6] Cfr. R. ALEXY. "My Philosophy of Law: The institutionalisation of reason", en L. C. WINTGENS (ed.). *The Law in Philosophical Perspectives*, Dordrecht, Kluwer Academic Publishers, 1999, p. 23.

Una de las características de los Ordenamientos contemporáneos es la determinada por la inclusión en sus criterios de pertenencia de dimensiones materiales. Estamos ante lo que Luigi Ferrajoli ha denominado el proceso de constitucionalización del Derecho natural, que implica una transformación de los tradicionales criterios de validez, y un acercamiento entre los criterios de legitimación interna y los criterios de legitimación externa: gran parte de los contenidos que tradicionalmente habían sido propugnados por el iusnaturalismo racionalista en forma de derechos naturales, hoy se han incluido en estos Ordenamientos jurídicos, en forma de derechos fundamentales. Este proceso tiene diversas consecuencias, conectadas entre sí. Si por algo se caracteriza el Estado de Derecho es precisamente por implicar una vinculación entre legitimación externa y legitimación interna: "La novedad histórica del *estado de derecho* respecto a los demás ordenamientos del pasado reside en haber incorporado, transformándolas en normas de legitimación interna por lo general de rango constitucional, gran parte de las fuentes de justificación externa relativas al 'cuándo' y al 'cómo' del ejercicio de los poderes públicos"[7].

Este proceso de positivación del Derecho natural implica que el conflicto entre el deber ser y el ser *del* Derecho se ha convertido en conflicto entre el deber ser y el ser *en* el Derecho. Los criterios de valoración del Derecho ya no son exclusivamente externos al mismo, sino que ahora, gran parte de ellos, se encuentran positivizados: "todo 'estado de derecho', en especial si está dotado de una Constitución rígida, es susceptible de

---

[7] L. Ferrajoli. *Derecho y razón*, Andrés Ibáñez et ál. (trads.), Madrid, Trotta, 1995, p. 213.

valoración no sólo externa, referida a principios naturales de justicia, sino también interna, es decir, referida a *sus* propios principios tal y como quedan garantizados por esas tablas positivas de derecho natural que son los textos constitucionales"[8].

Las consecuencias de este proceso de positivación de los derechos naturales, que ahora han adquirido forma de derechos fundamentales en el Estado de Derecho, son importantes. Por una parte, los criterios de pertenencia al Ordenamiento –que, en última instancia, siempre son formales en virtud del principio de jerarquía normativa– ya no van a ser exclusivamente formales, sino que ahora se evidencia la inclusión de exigencias materiales o de contenido. Es cierto que dicha positivación obliga a una reformulación de la tradicional pugna entre el positivismo y el iusnaturalismo: ya no es necesario recurrir *en todo caso* al Derecho natural –entendido como ejemplo de sistema normativo suprapositivo, criterio de legitimación externa– para identificar un criterio de valoración del Derecho positivo; éstos, los criterios de valoración, ya no son externos exclusivamente, sino que han sido asumidos por el Ordenamiento jurídico, formando parte en ocasiones de sus criterios de validez. Ello no implica una desaparición de las plataformas críticas respecto al Derecho positivo, sino más bien un cierto traslado de las mismas (se ha hablado al respecto de un "desplazamiento del juicio moral"[9]), aunque es cierto que "si hubiera que valorar los ordenamientos jurídicos de los Estados modernos por los principios generales enunciados en sus constituciones, serían bien pocas las críticas que cabría formular contra ellos desde un punto de vista externo, es decir, desde el punto de vista ético-político

---

[8] Ibíd., p. 357.
[9] Cfr. PRIETO. *Constitucionalismo y positivismo*, cit., pp. 66 y ss.

o de la justicia"[10]. Así, gran parte de las críticas se deben desarrollar ahora con referencia a dimensiones propiamente jurídicas, internas al Ordenamiento. Tampoco debe llegarse a la conclusión de la pérdida de valor de una de las grandes afirmaciones del positivismo, como es la neutralidad de su definición de Derecho. Lo que ocurre ahora es que, en el interior de un determinado paradigma, que es el del Estado de Derecho, "entre las normas acerca de la producción de normas el moderno estado constitucional de Derecho ha incluido múltiples principios ético-políticos o de justicia, que imponen valoraciones ético-políticas de las normas producidas y actúan como parámetros o criterios de legitimidad e ilegitimidad no ya externos o iusnaturalistas, sino internos o positivistas"[11].

A partir de lo anterior podría pensarse –así se pronuncian los críticos del positivismo como DWORKIN– que los test aplicados por el positivismo para determinar la pertenencia de las normas al sistema jurídico son insuficientes, insuficiencia que se acentúa desde el momento en que en las gradas superiores del sistema se incluyen dimensiones materiales o sustanciales. No obstante, como señaló HART en su último escrito, no hay ningún obstáculo para que el criterio último de validez incluya aspectos sustanciales, morales en definitiva. En efecto, aunque en *El concepto de Derecho* HART ya reconocía explícitamente esta posibilidad[12], en el "Postscript" a esta obra defiende un posi-

---

[10] FERRAJOLI. *Derecho y razón*, cit., p. 356.
[11] Ibíd., p. 358.
[12] "En algunos sistemas, como en los Estados Unidos, los criterios últimos de validez jurídica incorporan explícitamente principios de justicia o valores morales sustantivos. En otros sistemas, como en Inglaterra, donde no hay restricciones formales a la competencia de la legislatura suprema, su legis-

tivismo *suave* (*soft positivism*)[13] que puede asumir perfectamente la inclusión de contenidos morales en los criterios últimos de reconocimiento del sistema: "el criterio último de validez jurídica puede incorporar explícitamente junto al pedigrí, principios de justicia o valores morales sustantivos, y estos pueden constituir el contenido de restricciones constitucionales"[14]. Como sabemos, HART se enfrenta a dos críticas principales de DWORKIN[15]. La primera se refiere a la contradicción entre el positivismo suave y lo que se podría considerar el modelo general del positivismo, ya que mientras que en el primer caso la identificación del Derecho estaría afectada por la controvertibilidad de argumentos morales, el modelo general intenta identificar de manera cierta –y no sometida por tanto a controversias morales– modelos de conducta. Por tanto, para DWORKIN el positivismo suave crea incertidumbre, contrariando así uno de los objetivos del programa positivista. Según HART, esta crítica de DWORKIN es exagerada, tanto por lo que se refiere al grado de certeza o seguridad con el que el positivismo pretende identificar los modelos de comportamiento, como por lo que se refiere al grado de incertidumbre que se derivaría de la inclusión de principios o valores morales en los criterios de reconocimiento. Para HART, si bien

---

lación puede, sin embargo, conformarse escrupulosamente, en grado no menor, a la justicia o a la moral": H. L. A. HART. *El concepto de Derecho*, G. CARRIÓ (trad.), Buenos Aires, Abeledo-Perrot, 1990, p. 252.

[13] H. L. A. HART. "Postscript", en ÍD. *The Concept of Law*, 2.ª ed., with a postscript ed. by PENELOPE A. BULLOCH and J. RAZ, Oxford, Clarendon Press, 1994, pp. 238 y ss.

[14] Ibíd., p. 247.

[15] Cfr. R. DWORKIN. "A Reply by Ronald Dworkin", en M. COHEN (ed.). *Ronald Dworkin & Contemporary Jurisprudence*, London, Duckworth, 1984, pp. 245 y ss.

es cierto que una de las funciones de la regla de reconocimiento es "promover la certeza con la que el Derecho se puede afirmar"[16], también lo es que la regla de reconocimiento no puede sustraerse completamente a los problemas de penumbra que afectan también a otras normas del sistema. En todo caso, los problemas derivados de la incorporación de contenidos morales en los criterios de reconocimiento no son problemas de indeterminación radical y completa, con exclusión total de la certeza. Como HART señala, es imprescindible tolerar un cierto margen de incertidumbre: "Sólo si se trata la función de suministrar certeza de la regla de reconocimiento como principal y como aquella que predomina sobre las demás, puede considerarse inconsistente la forma de positivismo suave que incluye entre los principios de validez jurídica la conformidad con principios morales o valores controvertibles. El problema subyacente, en este caso, se refiere al grado de certidumbre que puede tolerar un sistema jurídico si ha de presentar un avance significativo respecto a un régimen descentralizado de reglas de costumbre al suministrar guías de conducta determinadas, identificables previamente y por lo general confiables"[17].

La segunda crítica a la que HART se enfrenta es, básicamente, aquella que consiste en señalar otra inconsistencia entre el positivismo suave y el modelo positivista ya que desde el momento en que los criterios de validez operan como test morales, se está contrariando el deseo del positivista de independizar el carácter objetivo de las proposiciones morales respecto a teorías filosóficas sobre la naturaleza de los juicios morales. HART propone un modelo

---

[16] HART. "Postscript", cit., p. 251.
[17] Ibíd., p. 252.

de teoría jurídica no comprometida con la cuestión de la naturaleza de los juicios morales, dejando en suspenso dicho problema, ya que su relevancia práctica a la hora de explicar la actividad del juez es escasa: "si la teoría del Derecho deja abierto el problema del carácter objetivo de los juicios morales, como sostengo que debe hacerlo, el positivismo suave no puede entonces caracterizarse sin más como una teoría según la cual los principios morales o los valores pueden encontrarse entre los criterios de validez jurídica; en efecto, si el carácter objetivo de los principios morales y valores permanece abierto, debe permanecer abierto también el problema de si las previsiones del positivismo suave que incluyen la conformidad con ellos entre las pruebas del Derecho existente puedan tener tal efecto o, por el contrario, sólo puedan constituir orientaciones para que los jueces 'creen' Derecho de acuerdo con la moral"[18].

Creo que es también interesante recordar que HART reacciona contra la crítica dworkiniana según la cual la estructuración positivista de los criterios de validez es insuficiente respecto a los principios. En primer lugar, señala HART, los principios también se pueden reconocer de acuerdo a su pedigrí, "pues es evidente que una de las disposiciones que se encuentran en una Constitución escrita o en una enmienda o una ley puede ser comprendida como algo que opera a la manera no concluyente característica de los principios, como algo que suministra razones para la decisión que pueden ser derrotadas cuando otra regla o principio presenta razones más fuertes a favor de la decisión contraria"[19]. En segundo lugar, continúa HART, hay principios

---

[18] Ibíd., p. 254.
[19] Ibíd., p. 264. En este punto HART se alinearía con aquellos que mantienen

a los que se puede aplicar el test del pedigrí desde el momento en que "han sido consistentemente invocados por los jueces en una diversidad de casos diferentes como algo que suministra razones para la decisión adoptada, que deben ser tomados en cuenta, aun cuando son susceptibles de ser derrotados en algunos casos por razones que hagan prevalecer la decisión contraria [...] *Ningún argumento que afirme que la inclusión de principios como parte del Derecho implica el abandono de la regla de reconocimiento sería válido*"[20].

Se ha afirmado en este sentido que el positivismo jurídico inclusivo y su afirmación de que la moral puede formar parte de los criterios que determinan la existencia, el contenido y el significado de las normas jurídicas, puede demostrar la compatibilidad o, si se prefiere, la no necesaria contradicción entre determinados puntos de las teorías de HART y DWORKIN. En este sentido, la inclusión de principios morales en los criterios de reconocimiento, fenómeno que caracteriza los Ordenamientos jurídicos constitucionales democráticos, no supone la coincidencia con la tesis iusnaturalista que niega la separación conceptual entre el Derecho y la moral, ya que dicha inclusión en realidad es un dato contingente, determinado por al configuración concreta de Ordenamientos jurídicos singulares[21].

---

que la diferencia entre reglas y principios no es estructural, sino que depende de la función que las normas desarrollan en los momentos interpretativo y aplicativo. Cfr. al respecto L. PRIETO. *Sobre principios y normas. Problemas del razonamiento jurídico*, Madrid, Centro de Estudios Constitucionales, 1992; ÍD. "Diez argumentos a propósito de los principios", en *Ley, principios, derechos*, Madrid, IDHBC y Dykinson, 1998, pp. 47 y ss.

[20] HART. "Postscript", cit., p. 265. El subrayado es mío.
[21] Cfr. S. POZZOLO. "Riflessioni su *inclusive* e *soft positivism*", *Analisi e diritto*, 1998, pp. 229 y 230.

En el genérico marco del positivismo, la propuesta referida al *soft positivism* está acompañada por otras, con las que comparte un cierto *aire de familia*. Entre nosotros, Gregorio Peces-Barba ha defendido en este sentido un *positivismo corregido*[22]. Creo que el positivismo corregido, tal y como es presentado por Peces-Barba, tiene dimensiones interesantes que merecen ser analizadas. El positivismo corregido se presenta como una vía intermedia entre el iusnaturalismo y el positivismo kelseniano: "Se diferencia del iusnaturalismo [...] porque no acepta como jurídica a una moralidad que no se incorpore al Derecho con arreglo a esas condiciones establecidas en la norma de identificación, es decir producidas como Derecho aunque como moralidad sean previas al mismo, por los órganos competentes y de acuerdo con el procedimiento de producción preestablecido. Se diferencia del positivismo por esa relevancia que otorga a la moralidad que sitúa como componente necesario del Derecho"[23]. Creo que podemos tomar la anterior cita y la interpretación del positivismo kelseniano que en ella se incluye, aquella que afirma que en el esquema kelseniano el Derecho funciona separado de la moral, como punto de partida de nuestro análisis. La teoría pura, tal y como es propuesta por Kelsen, supone un método de conocimiento, una estrategia intelectual

---

[22] Cfr. G. Peces-Barba. "Desacuerdos y acuerdos con una obra importante", epílogo a Zagrebelsky. *El Derecho dúctil*, cit., pp.157 y ss., por donde se cita. También puede encontrarse en íd. *Derechos sociales y positivismo jurídico (Escritos de filosofía jurídica y política)*, Madrid, Dykinson e IDHBC, 1999, pp. 111 y ss. Del mismo autor se puede consultar "Sobre el positivismo jurídico", en íd. *Derechos sociales y positivismo jurídico*, cit., pp. 83 y ss.

[23] Peces-Barba. "Desacuerdos y acuerdos con una obra importante", cit., p. 166.

de aproximación a un determinado objeto de conocimiento: el Derecho. De lo que se predica pureza es de la teoría, y no del Derecho. KELSEN no necesariamente niega que haya dimensiones de moralidad incluidas en el Derecho. Lo que ocurre es que esas dimensiones no condicionan la identificación de la idea de Derecho; se refieren por el contrario a un Ordenamiento jurídico en concreto. Sabemos que para KELSEN, su concepción, "al caracterizarse como una doctrina 'pura' con respecto del Derecho, lo hace porque quiere obtener solamente un conocimiento orientado hacia el Derecho, y porque desearía excluir de ese conocimiento lo que corresponde al objeto precisamente determinado como jurídico. Vale decir: quiere liberar a la ciencia jurídica de todos los elementos que le son extraños […] Cuando la *Teoría pura del Derecho* emprende la tarea de delimitar el conocimiento del Derecho frente a esas disciplinas [la psicología, la sociología, la ética, la teoría política…] no lo hace, por cierto, por ignorancia o rechazo de la relación, sino porque busca evitar un sincretismo metódico que oscurece la esencia de la ciencia jurídica y borra los límites que le traza la naturaleza de su objeto"[24]. En este sentido, KELSEN se encarga de subrayar que la "pureza" no es un rasgo predicable del proceso de derivación interna a través del cual, a partir de la norma superior, se articula el Ordenamiento jurídico. Dicha derivación no es una operación meramente –*puramente*– lógica. La pureza es una característica del análisis de un determinado objeto, en este caso el jurídico: "El pos-

---

[24] H. KELSEN. *Teoría Pura del Derecho*, R. J. VERNENGO (trad.), UNAM, 1982, p. 157. Sobre este tema, cfr. el análisis desarrollado por J. RAZ en "The purity of the Pure Theory", en R. TUR y W. TWINING (eds.). *Essays on Kelsen*, Oxford, Clarendon Press, 1986, pp. 79 y ss. También, A. CALSAMIGLIA. *Kelsen y la crisis de la ciencia jurídica*, Barcelona, Ariel, 1978, pp. 47 y ss.

tulado de la pureza no se refiere al proceso de creación y aplicación del Derecho sino [...] a la *teoría* jurídica, esto es, al conocimiento del Derecho"[25].

Así las cosas, si el positivismo se identifica, en opinión de PECES-BARBA, con una teoría que niega relevancia a la moralidad que se incluye como componente necesario del Derecho, habría que determinar, en su caso, de qué moralidad se está hablando. En términos generales, creo que es difícil justificar un positivismo de ese tipo, a no ser que imagináramos un Derecho construido de manera aséptica y desvinculado de factores y contextos sociales, ideológicos, culturales, económicos; creo que ello no es posible, excepto si identificamos la pureza kelseniana predicada de la teoría con una pureza predicada del Derecho en su funcionamiento. Parece evidente, ya se ha señalado en otro momento de estas líneas, que el positivismo, en la versión de HART por ejemplo, no niega la relación entre el Derecho y la moral social. Lo que niega el positivismo es la relación entre el Derecho y la moral correcta. Moral correcta es la moral identificada con contenidos determinados de los que se emite un juicio moral positivo. La negación de dicha relación, así entendida, sería un mínimo exigible de cualquier propuesta que se quiera presentar como positivista, ya que en caso contrario se estaría despreciando la tesis de la separación.

La corrección que PECES-BARBA aplica al positivismo es la que consiste en la inclusión, incorporación, de dimensiones de la moralidad a la norma básica material. Hasta ahí, ninguna con-

---

[25] H. KELSEN. "El profesor Stone y la Teoría Pura del Derecho", en ÍD. *Contribuciones a la Teoría Pura del Derecho*, R. INÉS W. y J. A. BACQUÉ (trads.), México, Fontamara, 1992, p. 85.

tradición con un positivista como HART, por ejemplo. Pero la moralidad de la que habla PECES-BARBA no es cualquier moralidad. Por el contrario, es bien concreta y determinada: se presenta "en forma de valores, de principios de organización y de derechos fundamentales"[26]. Y además, de esos contenidos se predica corrección moral: es la ética pública de la modernidad, "la ética de la seguridad, de la libertad, de la igualdad y de la solidaridad"[27]. Creo, en este sentido, que caben dos posibilidades a la hora de justificar la propuesta de PECES-BARBA. Así, en primer lugar, si lo que se hace es establecer la necesaria presencia en el Derecho de contenidos de moralidad, y además se identifican dichos contenidos concretamente con dimensiones que merecen juicios morales positivos[28], no estamos ante una tesis como la de HART, por ejemplo, axiológicamente neutra, que no procede a identificarse concretamente con valores determinados. En este sentido podríamos plantearnos hasta qué punto estaríamos ante una tesis positivista, ya que no posibilitaría una definición neutral del Derecho, en el sentido presentado a lo largo de estas páginas. Ello, a no ser que se estuviera pensan-

---

[26] PECES-BARBA. "Desacuerdos y acuerdos con una obra importante", cit., p. 167.
[27] Ibíd., p. 170.
[28] "Si tuviéramos que hacer un diseño teórico del itinerario de la moralidad desde su génesis hasta su incorporación al Derecho, habría que señalar, en primer lugar, que la moralidad pública que es relevante en la modernidad es una creación histórica de la razón humana que establece los criterios de justicia, los fines o los objetivos que el Derecho debe cumplir al servicio del desarrollo de la persona": PECES-BARBA. "Desacuerdos y acuerdos con una obra importante", cit., p. 169. Cfr. R. DE ASÍS. "De nuevo sobre la relación entre el Derecho y el Poder", *Anuario de Filosofía del Derecho*, XVIII, 2000, p. 224, n. 19.

do en un modelo concreto, el del Estado de Derecho en su sentido axiológico o prescriptivo[29]. En este caso (segunda posibilidad) se podría afirmar que lo que se está haciendo en la propuesta de Peces-Barba no es un discurso de Teoría del Derecho, sino más bien situado en el ámbito de la dogmática, válido sólo en referencia a determinados Ordenamientos jurídicos. Lo cual no significaría sino reconocer la creciente influencia de los condicionantes del Estado constitucional en la reflexión contemporánea sobre el concepto y rasgos del Derecho.

3. Sobre la separación entre el Derecho y la moral: el Derecho como punto de vista sobre la justicia

El problema de la separación entre el Derecho y la moral se encuentra detrás de las caracterizaciones más o menos gráficas del nuevo modelo del constitucionalismo, como puede ser, por ejemplo, la de Massimo La Torre, al hablar de "rematerialización" del Derecho[30], o la de Robert Alexy, cuando señala las dimensiones esenciales del constitucionalismo frente al legalismo[31]. Y es que, en efecto, las críticas relevantes al positivismo, desarrolladas en el contexto del constitucionalismo, afectan de manera más o menos directa, aunque no exclusiva, a la tesis de la separación. Piénsese, por ejemplo, en Dworkin y en la distinción entre reglas y principios, en la concepción

---

[29] Cfr. G. Peces-Barba. *Ética, Poder, Derecho*, Madrid, Centro de Estudios Constitucionales, 1995, p. 95.
[30] Cfr. La Torre. "Derecho y conceptos de Derecho. Tendencias evolutivas desde una perspectiva europea", cit., p. 70.
[31] Cfr. R. Alexy. *El concepto y la validez del Derecho*, J. M. Seña (trad.), Barcelona, Gedisa, 1994, p. 160.

del Derecho como integridad, y en su consideración de la teoría jurídica como descriptiva y normativa a un tiempo; o en ROBERT ALEXY y en la defensa de la pretensión de corrección moral del Derecho.

Es claro, así lo reconocen también los defensores del positivismo, que entre Derecho y moral existen vinculaciones. Estamos frente a dos modelos normativos de ordenación de las conductas humanas, coincidentes por lo tanto en el objeto de regulación y en otros aspectos, como el referido al carácter coactivo de ambos sistemas. En este sentido, la pureza kelseniana no debe ser entendida como el resultado, o la posibilidad, de una desconexión entre el Derecho y la moral, sino como una exigencia de un determinado proyecto metodológico y de comprensión del Derecho. HART, por su parte, reconoce explícitamente la influencia de la moral sobre el Derecho: "El Derecho de todo Estado moderno muestra en mil puntos la influencia tanto de la moral social aceptada como de ideales morales más amplios. Estas influencias penetran en el Derecho, ya abruptamente y en forma ostensible por vía legislativa, ya en forma silenciosa y poco a poco a través del proceso judicial [...] Ningún 'positivista' podría negar que estos son hechos, o que la estabilidad de los sistemas jurídicos depende en parte de tales tipos de concordancia con la moral. Si esto es lo que se quiere decir al hablar de la conexión necesaria del Derecho y la moral, su existencia debe ser concedida"[32]. Asumiendo, por tanto, que en realidad

---

[32] HART. *El concepto de Derecho*, cit., pp. 251 y 252. Anteriormente, en p. 230, señala que el positivismo mantiene la afirmación de que "en ningún sentido es necesariamente verdad que las normas jurídicas reproducen o satisfacen ciertas exigencias de la moral, *aunque de hecho suele ser así*" (cursivas mías).

las diferentes posiciones en torno a la cuestión de la relación entre el Derecho y la moral no hacen referencia a la relación empírica sino a la posibilidad, e incluso necesidad, de establecer una relación conceptual entre el Derecho y la moral[33], el reconocimiento de estas vinculaciones no demuestra la invalidez de la propuesta positivista metodológica, siempre que se identifique el tipo de moral a la que se alude al hablar de esas vinculaciones[34]. No parece que tenga sentido alguno negar los nexos que se establecen entre el Derecho y la moral social. La permanencia de esos nexos no sólo es una condición de la estabilidad del sistema jurídico, sino, y de manera más amplia, es expresión de la correspondencia entre los puntos de vista morales asumidos por el Ordenamiento jurídico y los sustratos culturales básicos de la sociedad. Un Ordenamiento jurídico que de ninguna manera incluyera esos vínculos con la moral social parecería más bien un ejemplo de laboratorio. Por el contrario, la vinculación que el positivismo metodológico niega como necesaria es aquella que en su caso se establecería entre la existencia del Derecho y la moral crítica o correcta. Así, el juicio sobre la corrección moral del Derecho, que es el que se realiza cuando se asume como parámetro la moral crítica, es independiente de la conceptualización de un sistema como jurídico.

Parece que lo anterior justifica una explicación sobre el modo de concebir la relación entre el Derecho y la moral. Cuando se mantiene la tesis de la separación conceptual entre el Derecho

---

[33] Cfr. E. GARZÓN VALDÉS. "Derecho y moral", en AA. VV. *El Derecho y la justicia*, GARZÓN VALDÉS y F. J. LAPORTA (eds.), Madrid, CSIC, BOE y Trotta, 1996, p. 397.
[34] Cfr. POZZOLO. "Riflessioni su *inclusive* e *soft positivism*", cit., pp. 234 y 242.

y la moral, merece la pena por tanto que nos detengamos en algunas dimensiones de la misma[35].

Una determinada comprensión de la separación podría ser aquella que afirmara que el Derecho no tiene nada que ver con la moral y viceversa. Es decir, son dos realidades que caminan por separado. Ciertamente, esta comprensión nada tiene que ver con la realidad. En efecto, más allá del sentido que las regulaciones morales y las jurídicas puedan tener, tanto el Derecho como la moral coinciden en su objeto: las conductas humanas. Tanto el Derecho como la moral tienen como objeto la regulación de comportamientos humanos. Y en este sentido, también el Derecho y la moral comparten su sentido normativo. Estamos ante sistemas normativos con un discurso prescriptivo que, como tales, presentan naturaleza práctica y que no tienen la pretensión de describir, sino de regular o condicionar comportamientos y conductas.

Desde el momento en que Derecho y moral se presentan como propuestas prescriptivas, encaminadas a la organización de las conductas humanas mediante la imposición de modelos de comportamiento, surge la necesidad de conocer los criterios de acuerdo con los cuales adquieren sentido y significado esos modelos de comportamiento. Dicho de otra manera, surge la necesidad de saber por qué, si cabía la posibilidad de elegir diversos modelos de comportamiento, se han impuesto unos y no otros. Asumimos al respecto que, en principio, la elección no es ca-

---

[35] Cfr. sobre la cuestión J. C. BAYÓN. "El contenido mínimo del positivismo jurídico", en V. ZAPATERO (ed.). *Horizontes de la Filosofía del Derecho. Homenaje a Luis García San Miguel*, 2, Universidad de Alcalá de Henares, 2002, pp. 33 y ss.

prichosa o resultado del azar. Si ello es así, deberán existir determinados criterios últimos. Esos criterios necesariamente van a tener una naturaleza prescriptiva o normativa.

El hecho de que tanto el Derecho como la moral sean sistemas normativos, supone por tanto la identificación de los criterios de acuerdo con los cuales se lleva a cabo su función normativa. La pertenencia del discurso jurídico y del discurso moral al ámbito del deber ser implica que, en última instancia, ambos discursos responden a una determinada concepción de lo correcto o incorrecto, de lo que es debido o de lo que no es debido, de lo bueno y de lo malo, en definitiva. Desde este punto de vista, y centrándonos en el Derecho, puede entenderse la afirmación de acuerdo con la cual el Derecho de manera necesaria expresa un punto de vista sobre la justicia o sobre la moralidad[36]. Quiere decirse con ello que el Derecho, las normas jurídicas, responden en todo caso a una concepción normativa que implica –o de la que deriva– un determinado posicionamiento en torno a lo bueno o malo, deseable o indeseable de las comportamientos humanos. La naturaleza normativa del Derecho implica una acción restrictiva en relación con los comportamientos humanos y con las posibilidades de actuación de los sujetos. La restricción se lleva a cabo de acuerdo con determinados criterios o responde a ciertas razones. En ese sentido, tras todo Ordenamiento existe una determinada propuesta, de la que aquel es expresión, sobre lo bueno y lo malo, sobre lo correcto e incorrecto moral. Negar lo anterior supondría afirmar que es posible considerar la existencia de un Ordenamiento jurídico que no asumiera en ningún caso propuesta alguna sobre la

---

[36] Cfr. L. LEGAZ LACAMBRA. *Filosofía del Derecho*, Barcelona, Bosch, 1975, p. 295.

corrección o incorrección de los comportamientos que forman el objeto de sus normas. Ciertamente, estaríamos frente a una situación en la que sería realmente complicado identificar la dimensión normativa de ese Ordenamiento, que por lo tanto dejaría de existir como tal.

Admitida la necesaria presencia de dimensiones que expresan en última instancia la concepción moral asumida en un Ordenamiento, la cuestión que se plantea por tanto es la referida a las posibilidades de mantener de manera justificada la separación conceptual entre el Derecho y la moral. En efecto –se podría alegar–, si se ha señalado, por una parte, que el Derecho y la moral son sistemas normativos y, por otra, que como tales ordenan las conductas de acuerdo con criterios sustanciales que en última instancia suponen una propuesta referida a la corrección de las conductas humanas, deberíamos llegar a la necesaria conclusión de que el Derecho y la moral no son cosas tan del todo diferentes, o que el Derecho y la moral comparten dimensiones que impiden analizarlos de manera diferenciada. En todo caso, de lo que se trataría es de constatar si la tesis de acuerdo con la cual la presencia de contenidos morales no es necesaria a la hora de identificar un sistema normativo como jurídico, puede seguir siendo mantenida. Porque –se podría afirmar– si en el Derecho necesariamente existen dimensiones morales, Derecho y moral no son conceptualmente distintos.

La tarea que hay que llevar a cabo es la que consiste, por tanto, en explicar en qué sentido se entiende la tesis de la separación conceptual entre el Derecho y la moral, y por qué la afirmación según la cual el Derecho siempre incluye contenidos morales, unos u otros, no es contraria a la tesis de la separación conceptual. Para ello conviene recordar que la tesis de la separación conceptual permite afirmar la posibilidad de una aproximación neutral al Derecho. Y la aproximación neutral al Derecho implica reconocer que la identificación del sistema jurídico no depende de la presencia de determinadas dimensiones sustanciales. El que éstas concurran o no, será un elemento que condicionará la evaluación de ese sistema, pero no su identificación o reconocimiento. Descripción y evaluación son dos actividades a las que se puede enfrentar el jurista de manera separada, de la misma manera que puede analizar de manera separada el ser y el deber ser del Derecho.

Creo que la manera de seguir manteniendo la tesis de la separación conceptual entre el Derecho y la moral consiste en entenderla en términos de separación conceptual entre el Derecho y la moral correcta. En efecto, la separación que se afirma es la del Derecho y la de la moral que se considera correcta o buena, y no la del Derecho y la de cualquier otra moral[37]. De ser así las cosas, de afirmar la separación entre el Derecho y cualquier moral o propuesta sustancial en lo que a la regulación de las conductas se refiere, habría de llegarse –como se ha señalado– a la conclusión de que es posible hablar de un Derecho axiológicamente neutro; lo cual, por otra parte, no parece que tenga mucho que ver con la realidad del Derecho y con su naturaleza normativa.

La separación conceptual entre el Derecho y la moral correcta es compatible por tanto con el reconocimiento de la conexión necesaria entre el Derecho y *alguna* moral. Creo que esto no tiene mucho que ver con posiciones iusnaturalistas, ya que la incorporación de la moral al Derecho en el esquema iusnaturalista

---

[37] Cfr. J. DORADO PORRAS. *Iusnaturalismo y positivismo jurídico: una revisión de los argumentos en defensa del iuspositivismo*, Madrid, Dykinson, 2004, p. 85.

asegura la bondad del Derecho, y a partir de ahí su carácter plenamente jurídico, de acuerdo con la vinculación iusnaturalista entre la virtud del Derecho y su reconocimiento como tal. Por el contrario, la posición que aquí se está manteniendo no afirma que la presencia de elementos morales en un sistema jurídico asegure su bondad moral y la necesidad de una valoración positiva. Esa valoración positiva o negativa dependerá de la propuesta moral concreta de la que estemos hablando. Es evidente que lo anterior puede ser válido siempre y cuando se aclare en qué sentido se está hablando de moral. Conviene aclarar al respecto que el concepto de moral se está entendiendo aquí en un sentido neutro. La moral sería un conjunto de propuestas sobre los criterios de bondad y maldad de los comportamientos humanos. En este sentido, podemos hablar de una multiplicidad de propuestas al respecto. La identificación de estas propuestas como tales no predetermina la evaluación de las mismas. Es decir, podemos identificar una propuesta moral y, a continuación, rechazarla.

Pues bien, cuando se afirma la necesaria incorporación de dimensiones morales –obsérvese que no se señala cuáles y en qué sentido– al Derecho, no se está interpretando esa incorporación como criterio de evaluación del Derecho. Lo único que se está reconociendo es que el Derecho de manera necesaria incluye dimensiones valorativas. Posteriormente, y dependiendo de *cuáles* sean esas dimensiones valorativas, podremos emitir un juicio sobre la corrección o maldad moral de ese sistema jurídico.

4. *Los sistemas jurídicos como sistemas mixtos*

La constatación de la ineludible presencia de dimensiones sustanciales en el Ordenamiento jurídico nos debería obligar a considerar si el discurso respecto a la positivación del Derecho natural que, en términos de FERRAJOLI, caracteriza el Estado de Derecho y el Estado constitucional contemporáneo es autónomo respecto a aquel que se podría hacer en relación con el Derecho genéricamente considerado. En efecto, desde este punto de vista, lo que caracterizaría el Derecho del constitucionalismo no es que se incluyan determinadas dimensiones sustanciales sino que se incluyan unas y no otras. En realidad, aquello a lo que FERRAJOLI se está refiriendo es a la inclusión de unos contenidos muy concretos y determinados, los derechos naturales. Por lo tanto, si algún sentido tiene la referencia al Derecho del constitucionalismo como escenario de reflexión es que, por una parte, evidencia de manera clara la existencia de dimensiones morales en el Derecho, y por otra, sitúa en un primer plano el desafío al que debe enfrentarse el positivismo en función de cómo se interprete la presencia de esos contenidos. Si, a partir de la presencia de contenidos que se identifican con los derechos y con los principios y valores a ellos vinculados, se extraen conclusiones generales en lo que a la tesis de la separación conceptual se refiere, el problema ante el que se encontrará el positivista a la hora de mantener la citada tesis será muy diferente a la posición en la que se encontrará si lo que se hace es reconocer que el Derecho del constitucionalismo incluye ciertos contenidos generales pero, al mismo tiempo, esos contenidos no son de presencia necesaria en el Derecho, de la misma manera que el Derecho del constitucionalismo no es necesariamente el único Derecho.

De todas maneras, lo cierto es que la presencia de dimensiones morales en el Derecho, al menos tal y como ésta se desarrolla en nuestros sistemas constitucionales, trae a primer plano la cuestión de las mejores o peores razones a la hora de identificar los sistemas jurídicos como sistemas mixtos. Como es sabido, a partir de la diferenciación kelseniana entre sistemas estáticos y sistemas dinámicos, se ha afirmado la posibilidad de caracterizar los sistemas jurídicos como sistemas mixtos, que compartirían rasgos de los sistemas estáticos y de los sistemas dinámicos. La presencia de dimensiones sustanciales en el Derecho, y de manera evidente en los planos superiores del sistema jurídico, precisamente allí donde se articulan las pautas de reconocimiento que definen los criterios de pertenencia, plantea de manera directa la cuestión de la inclusión de dimensiones morales entre dichos criterios de pertenencia. Los sistemas mixtos lo son porque los criterios de identificación de las normas no son de exclusiva naturaleza formal. Por el contrario, junto a las dimensiones formales encontramos también dimensiones sustanciales y materiales. De acuerdo con lo anterior, una norma, para pertenecer al sistema, es decir para cumplir los criterios de validez propios de ese sistema, debe satisfacer determinadas exigencias formales y determinadas exigencias materiales.

El planteamiento de la hipotética naturaleza mixta de los sistemas jurídicos, además de ser una consecuencia de la configuración efectiva del Derecho del constitucionalismo, también representa el centro de atención de determinados análisis que, desde dentro del positivismo, reflexionan sobre la compatibilidad entre el pretendido carácter mixto del sistema y las tesis principales del positivismo, como la de la separación conceptual entre el Derecho y la moral y la del origen social de las fuentes del Derecho[38]. Al respecto, creo que el reconocimiento de la

---

[38] Creo que un buen ejemplo al respecto es el de ESCUDERO ALDAY. *Los calificativos del positivismo jurídico*, cit., pp. 231 y ss.

presencia de dimensiones sustanciales en el Ordenamiento jurídico no impide al positivismo jurídico superar el test de los límites del Derecho, referido a la posibilidad de distinguir entre lo que es el Derecho y lo que no es[39]; y de la misma manera, creo que también es compatible con la tesis que RAZ considera "más fundamental" del positivismo jurídico, esto es, la tesis social, según la cual "lo que es y lo que no es derecho es una cuestión de hechos sociales"[40], tesis ésta que le permite a DWORKIN identificar el positivismo como una *plain-fact theory*[41].

---

[39] Cfr. J. RAZ. "Legal Principles and the Limits of Law", en COHEN (ed.). *Ronald Dworkin & Contemporary Jurisprudence*, cit., pp. 73 y ss.

[40] Cfr. RAZ. *La autoridad del Derecho*, cit., p. 55. Como es sabido, RAZ distingue dos versiones de la tesis social. Así, la versión *fuerte* (denominada por el autor "la tesis de las fuentes") afirma que "una teoría del derecho es aceptable únicamente cuando sus criterios para identificar el contenido del derecho y determinar su existencia dependen exclusivamente de hechos de conducta humana susceptibles de ser descritos en términos valorativamente neutros y cuando es aplicada sin recurrir a argumentos morales" (ibíd., p. 58). Es la versión defendida por RAZ y denominada por W. WALUCHOW *"exclusive legal positivism"* (cfr. *Inclusive Legal Positivism*, Oxford, Clarendon Press, 1994, p. 82). Por su parte, la versión *débil* es aquella que reposa "en la eficacia y en la institucionalidad como las solas condiciones referentes a los fundamentos sociales del derecho" (ibíd., 65). Como el propio RAZ señala, la diferencia entre ambas versiones es que mientras la versión fuerte afirma que la existencia y el contenido del Derecho está totalmente determinado por fuentes sociales, la versión débil reconoce que el Derecho incluye condiciones de eficacia e institucionalidad. Ello le permite a RAZ constatar que la versión débil es compatible con dos afirmaciones: 1. "en ocasiones, la identificación de algunas normas jurídicas requiere de argumentos morales"; 2. "en todo orden jurídico la identificación de ciertas normas requiere de argumentos morales" (ibíd., p. 66); siendo así que mientras la primera sería compatible con el positivismo, la segunda no. Pues bien, creo que el positivismo operativo en el Estado constitucional es compatible con la primera afirmación.

[41] Cfr. R. DWORKIN. *Law's Empire*, Harvard University Press, 1986, pp. 6 y ss.

De los derechos y el Estado de Derecho 135

Examinaré en esta ocasión dos de los argumentos utilizados para subrayar lo desacertado de la consideración de los sistemas jurídicos como sistemas mixtos: el centrado en los problemas de la idea de deducibilidad y el referido a la incertidumbre derivada de la inclusión de la moral en el Derecho.

En relación con el primero, se señala que la asimilación entre el criterio material de validez y la idea de deducibilidad es problemática al menos por dos motivos: en los supuestos de inferencia lógica, las normas derivadas no son expresamente formuladas por autoridad alguna; además, es complicado entender que el contenido de una norma se deduce o deriva lógicamente del contenido de la Constitución[42].

Cuando se afirma la naturaleza mixta de los sistemas jurídicos, nos estamos planteando la cuestión de la necesaria no contradicción entre los contenidos de las normas que forman un sistema jurídico. La no contradicción se puede producir, al menos, en términos de deducibilidad o en términos de compatibilidad. La deducibilidad implicaría la inferencia lógica entre los contenidos de las normas, mientras que la compatibilidad se referiría a la posición en la que se encuentran dos normas cuyos cumplimientos son posibles sin causar violación de la otra norma. Sabemos que una de las condiciones que una norma debe satisfacer para ser válida es la de no contradicción con la

---

Sobre la crítica de DWORKIN a las tesis básicas del positivismo, puede consultarse, entre otros muchos, el trabajo de GIORGIO BONGIOVANNI. "La teoria 'costituzionalistica' del diritto di Ronald Dworkin", en G. ZANETTI (ed). *Filosofi del diritto contemporanei*, Milano, Raffaello Cortina Editore, 1999, pp. 247 y ss.

[42] Cfr. ESCUDERO ALDAY. *Los calificativos del positivismo jurídico*, cit., pp. 234 y ss.

norma superior: no debe existir una antinomia entre ambas normas, desde el momento en que se violaría el principio de jerarquía normativa. Creo que esta es la forma más sencilla de entender la idea de compatibilidad entre normas, que supone la no contradicción respectiva. Pero el hecho de que el contenido de una norma sea derivación lógica del de una norma superior, también asegura la no contradicción.

Lo anterior tiene que ver con la posibilidad de que las constituciones permitan diversos desarrollos. Pues bien, no se comprende en qué medida la constatación de este hecho puede ser un argumento en contra de la caracterización de los sistemas jurídicos como sistemas estáticos. El hecho de que las normas de una Constitución (que, como sabemos, normalmente suelen incluir contenidos generales, en directa vinculación con valores y principios, y dotadas de un ámbito de generalidad amplio) puedan ser desarrolladas en diversas direcciones sólo demuestra que a partir de la norma N se pueden derivar varias normas $N_1, N_2, N_3...$ Creo que esta posibilidad se reproduce de manera ordinaria en el funcionamiento de los sistemas jurídicos, desde el momento en que las constituciones permiten diversas posibilidades de desarrollo legislativo, no necesariamente coincidentes entre sí y respetuosas con el contenido de la Constitución al mismo tiempo.

Si lo anterior es cierto, podríamos llegar a la tesis de acuerdo con la cual la cuestión de la inclusión de dimensiones sustanciales entre los criterios de validez y la consiguiente caracterización del sistema jurídico como sistema mixto, no se puede reducir a un problema de mejor o peor explicación del funcionamiento del sistema jurídico. Para ESCUDERO, aquellos que defienden la naturaleza mixta del sistema jurídico, en realidad, no conseguirían reflejar el funcionamiento del Derecho, ya que la afirmación de acuerdo con la cual la validez de las normas jurídicas depende de algo más que haber sido generadas por una determinada fuente de producción es errónea. Y ello, porque se desconoce que la identificación de las normas debe excluir cualquier actividad valorativa en relación con su contenido: es decir, la identificación de una norma sería una cuestión de hechos, exclusivamente.

Creo que hay buenas razones para afirmar que la validez del Derecho se reconduce en última instancia a la producción por parte de los órganos competentes de acuerdo con criterios formales y procedimentales. Si afirmar lo anterior obliga a renunciar a la consideración de los sistemas jurídicos como sistemas mixtos, habría que hacerlo. Pero no creo que ello sea necesario desde el momento en que podríamos afirmar que sólo la norma última del sistema es la que se puede explicar exclusivamente como el resultado de la voluntad del Poder constituyente, sin necesidad de respetar el contenido de una norma precedente. Pero, a partir de ahí, las normas que pertenezcan al sistema deberán satisfacer exigencias no sólo formales sino también sustanciales. Desde el momento en que la norma superior (que responde únicamente a un acto de voluntad) ya está establecida, se puede afirmar que, a partir de ahí, los criterios de validez son formales y materiales. Por tanto, el error estaría en considerar que el criterio formal es suficiente, de la misma manera que también lo sería considerar que el material o sustancial lo es.

Por otra parte, conviene recordar que la coherencia es un requisito de un Ordenamiento jurídico que pretende la observancia por parte de sus destinatarios de determinados modelos de comportamiento[43]. En realidad, este requisito es expresión

---

[43] Cfr. D. N. MacCormick. *Legal Reasoning and Legal Theory*, Oxford, Clarendon

de la racionalidad del Derecho (al menos en el sentido de una *goal rationality*, racionalidad de fines[44]) y está encaminado a asegurar la función básica del Derecho, la de actuar como guía efectiva de las conductas de los sujetos. La coherencia del Derecho es una cuestión que depende de la relación que se pueda establecer entre los enunciados de las normas y de las decisiones. La necesidad de coherencia y de seguridad jurídica es un argumento a favor de la exigible compatibilidad entre enunciados a la que se refiere la dimensión estática de los sistemas jurídicos.

Como señalé antes, también quiero referirme al argumento de acuerdo con el cual la inclusión de la moral en el Derecho genera incertidumbre jurídica, ya que –se afirma– los conceptos a través de los cuales se materializa esa inclusión (dignidad, libre desarrollo de la personalidad…) dificultan un consenso a la hora de identificar su contenido. Creo que este es un argumento de segundo orden en el siguiente sentido. La inclusión de dimensiones morales en el Derecho se plantea como problemática desde el momento en que a partir de su positivación, determinadas concepciones morales se imponen como obligatorias desde el punto de vista jurídico, prestando la autoridad política toda su fuerza para asegurar su efectividad. En este sentido, el carácter impositivo del Derecho es también el de la moralidad positivizada, lo cual se puede presentar como inadmisible para aquel sujeto que no comparta esos planteamientos morales. El

---

Press, 1978 p. 106; ÍD. "Coherence in legal justification", en AA. VV. *Theorie der Normen. Festgabe für Ota Weinberger zum 65. Geburtstag*, Berlin, Duncker & Humblot, 1984, pp. 37 y ss.

[44] Cfr. D. N. MACCORMICK. "Los límites de la racionalidad en el razonamiento jurídico", en J. BETEGON y J. R. DE PÁRAMO. *Derecho y moral. Ensayos analíticos*, Barcelona, Ariel, 1980, pp. 10 y 11.

problema es este, el de la imposición general de propuestas morales particulares no compartidas.

A partir de ahí, la cuestión de la incertidumbre es cierta, pero no es provocada exlusivamente por la incorporación de la moral en el Derecho. Es cierto que los conceptos morales nos ponen las cosas más difíciles a la hora de ponernos de acuerdo respecto a su sentido. Pero la pregunta surge rápidamente: lo anterior, que parece cierto, ¿lo es por el hecho de que esos conceptos sean morales, expresen de manera directa dimensiones de moralidad, o por el contrario la dificultad del consenso no depende de su carácter moral sino más bien de su carácter abierto, genérico y abstracto en su formulación, o también de su carga emotiva? Piénsese, al respecto, que el argumento de la incertidumbre es predicable respecto a otros conceptos en los que no pensamos necesariamente cuando nos planteamos el problema de la incorporación.

No quiere decirse con lo anterior que se relativice la importancia de la certeza y la seguridad del Derecho. Si algo es el Derecho es precisamente un sistema de información que genera seguridad, certeza. Es precisamente la carencia de la aptitud para generar esa certeza lo que puede provocar la incapacidad de un sistema para ser considerado como jurídico. Por el contrario, antes que no reconocer la importancia de la certeza no sólo como objetivo a alcanzar sino más bien como dato imprescindible de un sistema jurídico que pueda ser considerado como tal, de lo que se trata es de ser consciente de las tensiones a las que la voluntad de certeza está sometida. Tensiones que, por otra parte, son en muchas ocasiones el resultado de la dimensión narrativa del Derecho. El reconocimiento de la existencia de una zona de penumbra mayor o menor en los términos del Derecho no supone relativizar la pretensión de certeza, sino ser consciente de las dificultades con las que nos encontramos desde el momento en que el Derecho tiene una imprescindible naturaleza discursiva y argumentativa.

Pero el argumento de la falta de certeza que, como se ha señalado, no se debería entender exclusivamente provocado a partir de la incorporación de la moral, en realidad desemboca en la "falta de referente al señalar el universo moral al que supuestamente ha de acudirse a la hora de desarrollar un precepto jurídico en el que se incluya un término moral"[45]. Creo que es especialmente interesante el recurso a la idea de universo moral en este tema. Y lo es en un contexto como el de las democracias constitucionales, que es precisamente en relación con el cual se plantea el problema de la incorporación, caracterizadas como sabemos por una progresiva complejidad y pluralidad ideológica, cultural y moral. Es decir, de ser la dificultad en la identificación del universo moral un problema, lo sería de manera especial en el caso del constitucionalismo y de su contexto social. La alusión al universo moral implicaría, creo, que es necesario identificar un determinado "argumentario" moral para acudir a él a la hora de referir el contenido de las normas. Ciertamente, el que emprenda la tarea de identificar ese universo debe ser consciente del peligro que corre desde el momento en que puede caer en un objetivismo, que, por otro lado, es la crítica que se dirige contra defensores del positivismo corregido, como PECES-BARBA. Parecería que la alternativa a la ausencia de ese universo y a la dispersión frente a la cual se puede encontrar el intérprete sería el objetivismo.

---

[45] ESCUDERO ALDAY. *Los calificativos del positivismo jurídico*, cit., p. 249.

En todo caso, otra alternativa es la que consiste en identificar esa moral a la que, de una manera u otra, hay que acudir a la hora de interpretar las dimensiones sustanciales del Derecho, en la moral social. Lo cierto es que, si ahora hay que recurrir a la moral social, podríamos pensar que al fin y al cabo se está reconociendo la presencia y la operatividad de las dimensiones morales en el Derecho. En todo caso, y más allá de lo anterior, esa moral aparece caracterizada de manera que elimina cualquier posibilidad de incertidumbre: "el propio contenido de la moral social puede ser conocido en cada caso sin necesidad de utilizar argumento o recurso moral alguno, pues aquella se plasma en acciones, prácticas y costumbres sociales"[46]. Es decir, la moral social –que sería tan moral como la que se introduce en el Derecho a través de la incorporación– tendría la capacidad de generar el consenso en relación con su significado –que se expresa a través de evidentes dimensiones prácticas–, de la que carece la moral incorporada. Al final, el discurso moral, necesario a la hora de interpretar determinadas normas, se diluye ante la primacía de la afirmación del origen social de las fuentes del Derecho, que excluye cualquier resquicio a las evaluaciones morales, aunque fuera en términos de compatibilidad con las exigencias formales.

Parece evidente que la anterior propuesta respecto a la tabla de salvación que nos ofrece la moral social parte de algunas premisas. En primer lugar, que la moral social va a ser fácilmente identificable; en segundo lugar, que el recurso a la moral social a la hora de identificar el universo moral que permite la atribución de contenido a las normas jurídicas en las que se

---

[46] Ibíd., p. 252.

materializa la incorporación, excluye valoración moral alguna; por último, parecería derivarse de esta propuesta la suposición que necesariamente va a existir diferencia –al menos no coincidencia– entre la moral incorporada y la moral social. En relación con la primera premisa, no parece claro del todo que el recurso a la moral social permita salvar los peligros de la falta de certeza que concurrirían en la moral incorporada. No es fácil imaginar cómo la moral social, en sociedades complejas, plurales y no homogéneas, se pueda "ubicar en un plano fáctico", siendo posible acercarse a ella de manera puramente descriptiva. Es un concepto, el de moral social, que también es problemático y que no escapa a la presencia de zonas de penumbra. La segunda premisa, en mi opinión, provoca la siguiente cuestión: el operador jurídico que se encuentre ante las normas que incorporan contenidos morales, ¿debería excluir cualquier tipo de condición por parte de sus planteamientos individuales y acercarse de manera aséptica a la moral social, con la intención de reconocerla mediante la constatación de hechos sociales? O mejor: ¿es eso posible?, ¿lo es respecto al juez y al legislador? En relación con la tercera premisa, deberíamos tener en cuenta que los Ordenamientos jurídicos en los que se piensa en el transcurso de la reflexión sobre las virtudes, peligros y consecuencias de la incorporación son precisamente los Ordenamientos del constitucionalismo democrático en los que, precisamente por su carácter participado, la vinculación entre la moral social y la moral incluida en el Derecho es cercana.

Al final, la conclusión sería que la moral no puede determinar la existencia y el contenido del Derecho[47]. Es evidente que

---

[47] Cfr. ibíd., p. 254.

esta afirmación es susceptible de ser interpretada en términos de posibilidad o en términos de conveniencia. En efecto, si lo que está diciendo es que existe imposibilidad fáctica al respecto, entonces se está negando valor alguno a la presencia de dimensiones sustanciales en la Constitución –dimensiones que caracterizan al constitucionalismo– dando igual lo que diga la Constitución, lo que incluya o deje de incluir; de la misma manera que no se entiende muy bien qué hace el Tribunal Constitucional cuando está evaluando la constitucionalidad de una ley dictada por el Parlamento que, respetuosa de todas las exigencias formales y procedimentales, es sospechosa de contravenir, por ejemplo, el artículo 1.1 de la Constitución, o el 10.1, o uno de los derechos contenidos en el título primero. Si lo que se quiere decir es que la moral no debe determinar la existencia y el contenido del Derecho, no es conveniente que lo haga, estamos obligados a plantearnos la función de la teoría del Derecho positivista, que se declara competente a la hora de elaborar un discurso descriptivo, más allá del cual suspende el juicio.

* * *

Parece que la función de la teoría del Derecho sería la de ofrecer una explicación del sistema jurídico. Es en este punto en el que nos encontramos con el problema de que la configuración de los sistemas jurídicos que nos rodean puede condicionar nuestra posición, y las conclusiones a las que lleguemos. La cuestión es que tenemos que ir más allá de los Ordenamientos constitucionales. Si algún efecto tiene el hecho de que la Teoría del Derecho se centre en los sistemas constitucionales es que éstos demuestran de manera evidente que el Derecho es un punto de vista sobre la justicia, que el Derecho es un sistema normativo no neutral. En esto los sistemas jurídicos del constitucionalismo no se diferencian de otros sistemas jurídicos; en lo que se diferencian es en el sentido y en el contenido de esa no neutralidad. En efecto, la diferencia no radica en que se incluyan contenidos morales, sino en que se incluyan unos contenidos y no otros. El discurso que podemos efectuar, por tanto, desde la Teoría del Derecho, en relación con la presencia de contenidos morales en el Ordenamiento no varía si esos contenidos son moralmente aceptables o rechazables.

Desde este punto de vista, la cuestión que se plantea es la de en qué medida el constitucionalismo puede condicionar la Teoría del Derecho. Lo puede condicionar porque incluye dimensiones morales en el Derecho, pero no porque esas dimensiones morales sean unas y no otras. Por tanto, el problema no es que se hable de derechos humanos, de dignidad o de libre desarrollo de la personalidad. El problema, más bien, es que el Derecho, de una u otra manera, expresa una determinada concepción sobre lo bueno y lo malo moral. El elemento que condiciona el discurso es que el Derecho no es neutro desde el punto de vista moral y no parece posible otra alternativa.

SEGUNDA PARTE
¿UN ESTADO DE DERECHO INTERNACIONAL?

CAPÍTULO CUARTO
DERECHOS Y ESTADO DE DERECHO:
LAS EXIGENCIAS DE LA UNIVERSALIDAD
(UNA APROXIMACIÓN)

El discurso contemporáneo sobre los derechos fundamentales está vinculado a la idea de universalidad de los mismos. En efecto, la universalidad se presenta en muchas ocasiones como componente de la misma noción de derecho. Sin embargo, la noción de universalidad y las condiciones que pueden permitir afirmarla se nos presentan como problemáticas. Mi intención, en esta ocasión, es desarrollar algunas reflexiones que permitan identificar, en lo básico, esas dimensiones problemáticas y, al tiempo, señalar las condiciones mínimas exigidas por la materialización de la universalidad de los derechos. En este sentido, la internacionalización de las estructuras del Estado de Derecho se nos presenta como requisito indispensable.

Creo que cualquier análisis sobre el significado contemporáneo de los derechos fundamentales debe partir de la consciencia de la relación que se establece entre tres elementos o ideas, como son los derechos fundamentales, el Estado de Derecho y la democracia. Creo también que son ideas que, como veremos a continuación, se implican respectivamente en muchas de sus dimensiones, pudiendo señalar que la relación que se establece es conceptual y necesaria. Claro está, esas ideas pueden ser analizadas desde muchas perspectivas. Nos encontramos frente a conceptos históricos y controvertidos[1], como gran parte de aquellos con los que trabajamos en las ciencias sociales. Por ello, puede ser útil señalar en qué sentido se entiende la ya aludida relación.

Los derechos, entendidos como instituciones jurídicas, son un elemento imprescindible del concepto de Estado de Derecho. Como se señalará más adelante, la anterior afirmación implica una determinada concepción del Estado de Derecho, que entiende que éste no sólo se identifica con una estructura caracterizada por sus rasgos formales –el imperio de la ley (o del Derecho)–, detrás de los cuales pueden existir dimensiones materiales, sino que dicha estructura alberga también determinados (no cualquiera) contenidos materiales o sustanciales que en definitiva se reconducen a la defensa de las exigencias de la dignidad humana, especificadas en forma de derechos humanos o fundamentales. Se defiende, en definitiva, una concepción material o sustancial –no formal– del Estado de Derecho. Al mismo tiempo, los derechos son también un componente de la democracia. Entre otras comprensiones posibles, cabe entender que la democracia constituye un determinado modelo en relación con el origen, composición y funcionamiento del Poder político, que se caracteriza por ser limitado y participado. Así las cosas, los derechos son elementos decisivos al respecto en varias facetas. Por una parte, el origen del Poder político democrático (la voluntad popular) se manifiesta a través del ejercicio de derechos vinculados a la idea de participación política. Parece claro que sin

---

[1] Cfr. F. J. ANSUÁTEGUI ROIG. "Las definiciones del Estado de Derecho y los derechos fundamentales", en este mismo volumen.

la realidad y eficacia de estos derechos no se puede hablar de democracia. Esos derechos, y otros, constituyen a su vez un límite que se levanta frente al Poder político: en efecto, en democracia, el Poder sabe que hay cosas que no puede hacer, y otras que está obligado a hacer. Los derechos desarrollan una función de obligación (positiva y negativa), no sólo desde el punto de vista jurídico, sino también desde el moral y el político. Y de eso es consciente, o por lo menos debiera serlo, el Poder. En un determinado sistema jurídico político los derechos existen, como instituciones jurídicas, a partir de la decisión al respecto que el Poder político ha tomado en un determinado momento y en unas concretas circunstancias. Las consecuencias de esa decisión son importantes, no sólo para los individuos, que de esta manera podrán ver garantizadas determinadas exigencias morales, sino también para el Poder que, a partir de ese momento, va a tener frente a sí instituciones infranqueables. Esa autolimitación jurídica solo es comprensible si pensamos en un Poder democrático que, en definitiva, es el único que va a autorrestringir su capacidad de actuación a través de la institucionalización jurídica de dimensiones de la moralidad en forma de derechos fundamentales. Tal autorrestricción sólo es comprensible si pensamos en el sujeto pasivo (y activo) de la misma en términos de Poder político democrático. Junto a lo anterior, reconocemos también que la democracia exige determinados esquemas de funcionamiento. Al respecto podemos afirmar que el Estado de Derecho, que es, añadámoslo, un modo articulación y funcionamiento del Poder político, constituye el contexto institucional vinculado a la democracia.

La anterior reflexión se ha desarrollado en referencia exclusiva al Poder político. Cabe añadir que, sin embargo, no es ese el único poder que se debe articular en términos de respeto a las exigencias de los derechos fundamentales, la democracia y el Estado de Derecho. Otros poderes, que desarrollan también un indudable protagonismo social, que afectan en ocasiones de manera directa a dimensiones de la dignidad humana, y que pueden tomar decisiones y desarrollar actuaciones que entran en contradicción con las decisiones del Poder político democrático (acompañado así, en tanto que democrático, de mayores dosis de legitimidad), también deben someterse a las exigencias de los derechos. En el marco del Estado de Derecho, y por tanto en el del imperio de la ley, ese sometimiento puede ser entendido, como mínimo, como una directa consecuencia de la naturaleza formalmente constitucional de las normas jurídicas de derechos: ejemplo claro es el del artículo 9.1 de nuestro texto constitucional, al establecer que "los ciudadanos y los poderes públicos están sujetos a la Constitución y al resto del ordenamiento jurídico".

Señalé con anterioridad que el de Estado de Derecho es un concepto histórico y controvertido. Quiere decirse con ello que comienza a utilizarse en un determinado contexto[2] (en el que influyen elementos y condicionantes históricos, culturales, sociales, económicos, jurídicos), y que, al mismo tiempo, y en eso residiría entre otras cosas su carácter controvertido, permite distintas comprensiones. Ya adelanté también que la comprensión

---

[2] Cfr. E. W. BÖCKENFORDE. "Origen y cambio del concepto de Estado de Derecho", en ÍD. *Estudios sobre el Estado de Derecho y la democracia*, R. DE AGAPITO SERRANO (trad.), Madrid, Trotta, 2000; DE CARRERAS. *El Estado de Derecho como sistema*, Madrid, Centro de Estudios Constitucionales, 1996; J. CHEVALLIER. *L'État de droit*, Paris, Montchrestien, 1992; A. E. PÉREZ LUÑO. *Estado de Derecho, derechos humanos y Constitución*, Madrid, Tecnos, 1986, pp. 223 y ss.

del concepto de Estado de Derecho que aquí se iba a compartir era la sustancial o material, lo que implica que el imperio de la ley (alguien podría señalar que en el marco del constitucionalismo contemporáneo ese imperio ya no es predicable de la ley sino de la Constitución) ya no es el elemento exclusivo que nos sirve para identificar al Estado de Derecho; además, hace falta que esa legalidad se caracterice por tener una finalidad específica, que es la de reconocer y garantizar derechos a los individuos. Por eso se habla con acierto de la legalidad del Estado de Derecho como de una "legalidad selectiva"[3]. Así, podemos afirmar que el Estado de Derecho, y su ordenamiento jurídico, constituyen los contextos naturales, y al mismo tiempo posibles, en los que se pueden materializar las exigencias de los derechos.

La anterior afirmación podría suponer algún tipo de dificultad a la hora de hablar de universalidad de los derechos. En efecto, si se ha señalado que el Estado de Derecho constituye el marco jurídico-político en el que se pueden desarrollar los derechos, si se constata al mismo tiempo que, caracterizado como lo ha sido el Estado de Derecho, no todo Estado es un Estado de Derecho, y si se reconoce por último la excepción que suponen los auténticos Estados de Derecho en nuestro mundo, tenemos ante nosotros un panorama en el que parecería muy complicado hablar de universalidad de los derechos. Podemos plantearnos diversas cuestiones al respecto: ¿tiene sentido hablar de universalidad de los derechos?, ¿en qué sentido podemos hablar de ella?; vista la situación que nos rodea, ¿qué es lo que tiene que cambiar para

---

[3] Cfr. E. FERNÁNDEZ. "Hacia un concepto restringido de Estado de Derecho", *Sistema*, n.º 138, 1997, p. 102.

que podamos hablar de universalidad de los derechos?, ¿cuál sería el contexto jurídico político que nos permitiría hablar de la universalidad de los derechos como de una realidad? Aunque, evidentemente, esta no es la ocasión para responder con cierta profundidad a estas cuestiones, sí podemos desarrollar alguna reflexión al respecto.

Creo que en ocasiones el discurso sobre la universalidad de los derechos corre el riesgo de incluir imprecisiones. Las dimensiones emotivas del tema están bien presentes y tienen algo que ver con ello. Cuando hablamos de universalidad de los derechos nos sumergimos en uno de esos ámbitos en los que la claridad del lenguaje se dificulta debido al carácter emotivo de los términos que se utilizan. Ciertamente, la noción de universalidad es un componente del discurso contemporáneo de los derechos humanos. Hoy defendemos la universalidad de los derechos, queremos que los derechos sean universales. De universalidad de los derechos se puede hablar tanto en el marco de un discurso moral sobre los derechos como en el marco de un discurso jurídico sobre los mismos. Las reflexiones y conclusiones a las que podemos llegar en ambos casos no son similares. Tengo la impresión de que no somos siempre conscientes de que el discurso sobre la universalidad puede ser desarrollado en esos diversos planos o ámbitos. Al hablar de universalidad de los derechos, por tanto, nos podemos estar planteando dos cuestiones, una moral y otra jurídica. La diferenciación de dichos ámbitos y de esas cuestiones es necesaria para situar correctamente los términos del problema. Qué duda cabe que el planteamiento desde el ámbito moral constituye el principal problema, y el más complicado, ya que las posibles soluciones son más discutidas y menos evidentes. Como ha señalado J. GONZÁLEZ AMUCHASTEGUI, la cuestión sobre la universalidad de los derechos, situada en el ámbito moral, supone: 1. Plantearse la posibilidad y deseabilidad de elaborar un paradigma moral universal, y 2. Plantearse si ese paradigma puede descansar en la idea de derechos[4]. La respuesta afirmativa a dichos planteamientos permitiría concluir la universalidad de los derechos, conclusión que exigiría, previamente, identificar una "ética de los derechos". Por otro lado, la constatación de la universalidad jurídica, habida cuenta del concepto de Derecho que manejamos aquí, implicaría afirmar la plena validez jurídica, reconocimiento y garantía de normas de derechos en cualquier parte del mundo. Desgraciadamente, la conclusión en este aspecto es negativa, en el estado actual de las cosas. En todo caso, construir una ética en la que el núcleo de la misma esté constituido por la idea de los derechos implica varias exigencias o condiciones, no siempre perceptibles en determinados contextos culturales. Así, en primer lugar, una determinada concepción del sujeto, referida a la idea de individuo –resultado de la Modernidad– al que se le reconoce su condición de sujeto moral, su valor y su autonomía; en segundo lugar, un determinado modo de comprender las relaciones entre el individuo y la sociedad, entre el sujeto y el grupo en que se integra. Además, la universalidad jurídica de los derechos va a depender en última instancia de la existencia de voluntad política al respecto. Creo que es un dato constatable que, en la actualidad, dicha universalidad no es una realidad.

Lo anterior nos permitiría pensar que, en relación con la universalidad moral y la universalidad jurídica de los derechos, caben, por lo menos desde el punto de vista teórico, diversas posibilidades:

---

[4] Cfr. J. GONZÁLEZ AMUCHASTEGUI. "¿Son los derechos humanos universales?, *Anuario de Filosofía del Derecho*, t. XV, 1998, p. 50.

1. Universalidad jurídica, exclusivamente: no tiene porqué ser el reflejo de universalidad moral.

2. Universalidad moral, exclusivamente: no tiene porqué estar positivizada.

3. Universalidad jurídica y moral.

4. Ni universalidad jurídica ni universalidad moral.

En todo caso, debemos tener en cuenta, también, que en relación con la cuestión de la universalidad de los derechos se han ofrecido diferentes respuestas, muchas de las cuales no presuponen una distinción nítida entre los aspectos morales y jurídicos a los que anteriormente se hizo referencia. Así, por una parte se ha afirmado la universalidad señalando que los derechos están recogidos en un texto que goza de validez universal, o subrayando el valor moral universal de la idea de dignidad humana, por ejemplo. Pero también se ha negado dicha idea, señalando que en la elaboración de la Declaración Universal de 1948 no participaron países de África y Asia, o que la positivación de los derechos sólo es efectiva en el plano estatal, siendo los sujetos de derechos los ciudadanos nacionales, o que en determinadas partes del mundo se violan continuamente, o que hay muchas culturas y comunidades cuyas tradiciones son ajenas o incompatibles con la noción de derechos humanos[5].

Pero retrocedamos un poco. He subrayado las dificultades, en el momento actual, que encontramos a la hora de defender la universalidad jurídica de los derechos, como categoría conceptual. Ciertamente, lo anterior no se debe entender como afirmación de una imposibilidad "eterna" al respecto. El perfeccionamiento de los mecanismos del Derecho internacional

---

[5] Ibíd.

y las acciones que en determinados Ordenamientos jurídicos se están sucediendo contra violaciones masivas de derechos humanos confirman el inicio de una senda. Posiblemente no haya respuestas concluyentes sobre la universalidad moral de los derechos y, en este sentido, la Declaración Universal de 1948 podría constituir un punto de partida[6]. Pero, ¿cuál es la ética que podría estar detrás de la Declaración y que nos permitiría identificar ese núcleo común y de partida? Entiéndase bien, que no estoy preguntándome por los planteamientos morales puntuales que prevalecieron en 1948, sino por los argumentos que permitirían, en su caso, hablar de una ética de los derechos, ya que el problema que nos estamos planteando es el de si existe una ética universal de los derechos.

La cuestión me parece importante, y complicada por el hecho de que vivimos en un tiempo marcado por el signo de la contradicción entre pluralismo y globalización. FRANCESCO VIOLA se ha preguntado si en el tiempo del pluralismo es posible una ética común[7]. Parece difícil la asimilación entre el pluralismo y la idea de comunidad ética ya que el pluralismo podría entenderse vinculado a la "ausencia de comunidad de los valores éticos"[8]. En el marco de una "pérdida de una ética común" se produce una "parcelación del universo moral". En efecto, "ya no existe la ética, sino las éticas: la ética pública y la ética privada; la de la vida humana y la de la tierra, la de los animales y la de las generaciones futuras; la de las profesiones y la de los negocios: a causa de la especificidad de las problemáti-

---

[6] Cfr. al respecto, ANSUÁTEGUI ROIG. "La Declaración Universal de Derechos Humanos y la ética pública", incluido en este volumen.
[7] Cfr. F. VIOLA. "La ética de los derechos", *Doxa*, 22/99, pp. 507 y ss.
[8] Ibíd., p. 508.

cas, las nuevas demandas morales tienden a generar universos de valores y principios separados y no rara vez contrapuestos"[9]. La cuestión que podríamos plantearnos es la de saber si, en el marco del pluralismo moral, existe la posibilidad de que los derechos constituyan el elemento común, de concurrencia, de las éticas particulares, y, si esto es posible, ¿de qué manera? ¿Los derechos podrían reconstruir la unidad de la persona moral?, ¿cómo? Tenemos a nuestro favor el hecho de que los derechos "han devenido los *endoxa* de nuestro tiempo; su valor ético imprescindible es una opinión muy difundida y en continua expansión, y se ha creado a su alrededor un acuerdo práctico de intersección (*overlapping consensus*) entre familias ideológicas bien distintas"[10]. Cabría señalar que de lo anterior se podrían derivar, en su caso, contradicciones con el paradigma de la globalización.

En muchas ocasiones, los conceptos, tras ser elevados a categoría de paradigmas, desarrollan una fuerza persuasiva que provoca confusiones y obliga a llegar a conclusiones interesadas. Creo que algo así ocurre con el concepto de globalización[11]. Una deficiente comprensión o una comprensión estereotipada de lo que supone la globalización lleva en ocasiones a confundirla con la universalización o con la universalidad de los derechos. Si la universalidad de los derechos se vincula al progreso moral, a un ideal de emancipación humana, la globalización

---

[9] Ibíd.
[10] Ibíd., p. 512.
[11] En relación con la conceptualización de la idea de globalización, cfr. M. J. FARIÑAS DULCE. *Globalización, ciudadanía y derechos humanos*, Madrid, Instituto de Derechos Humanos "Bartolomé de las Casas" y Dykinson, 2000, pp. 5 y ss.

no supone universalidad de los derechos[12]. Desde un punto de vista general, MANUEL CASTELLS ha afirmado que globalización no es necesariamente sinónimo de internacionalización[13]. Es más, a veces parecería que las consecuencias de la globalización van en sentido contrario a las exigencias de la universalidad de los derechos: hay incompatibilidad entre la lógica del mercado (que es la que está tras la globalización) y la lógica de los derechos. Porque cuando se habla de globalización se está hablando, entre otras cosas, de un modelo económico y comercial, el del neoliberalismo, que "impone necesariamente un orden global caracterizado por la libre circulación del capital (más que de cualquier mercancía) y el desarrollo de los elementos institucionales del libre mercado, que tiene como consecuencia una redefinición del Estado y sus funciones. Los rasgos más característicos, además de este último, serían: expansión del comercio multilateral, internacionalización y libre circulación de los mercados financieros y de la inversión extranjera, sociedad de la información y de la comunicación, mercado de trabajo mundial"[14].

El proceso de globalización, así entendido, no implica globalización de los derechos, ya que "en la mentalidad que corresponde a los imperativos de la nueva economía, los derechos humanos, sobre todo en su faz de derechos económicos, sociales y culturales, deben subordinarse a los imperativos

---

[12] Cfr. J. DE LUCAS. "La globalización no significa universalidad de los derechos humanos (En el 50 aniversario de la Declaración del 48), *Jueces para la Democracia*, n.º 32, 1998, pp. 3.

[13] Cfr. M. CASTELLS. "Globalización, Estado y sociedad civil: el nuevo contexto histórico de los derechos humanos", *Isegoría*, n.º 22, 2000, p. 5.

[14] DE LUCAS. "Globalización no significa universalidad", cit., p. 3.

del mercado y de la competencia mundial"[15]. En multitud de ocasiones los derechos (sobre todo los sociales) son considerados mercancías –sometidos por tanto a las leyes del mercado– y no derechos. En este sentido la globalización sería incompatible con una concepción extendida de los derechos, como la de Dworkin, que los entiende como triunfos frente a la mayoría. En todo caso, la tradicional concepción de los derechos como límites al Poder[16], no sólo del Estado, pierde cualquier atisbo de operatividad. En definitiva, en el proceso de globalización entendido de la anterior manera, los derechos pueden perder su capacidad emancipatoria. Esto, entre otras cosas, porque la globalización, por lo menos en cuanto a los derechos, no es global (pensemos en los derechos sociales[17]), y tampoco lo es por lo que se refiere a determinadas partes del mundo (pensemos, por ejemplo, en África: ¿la globalización llega a África en forma de derechos?).

Pero volvamos a nuestro discurso. Nos encontramos con la dificultad de que la ética de los derechos, en realidad, no goza de autonomía y autosuficiencia respecto a las éticas tradicionales. En efecto, seguimos manejando, en el discurso moral sobre los derechos, conceptos tales como deber, bien, bienestar, interés, preferencia, libertad…[18]. ¿Qué añade de nuevo la ética de los derechos?: "la adquisición de valor moral de las creencias y de los juicios morales, independientemente de su contenido"[19].

---

[15] Cfr. también J. A. Gimbernat. "Más globalización, menos democracia", *Isegoría*, n.º 22, 2000, p. 149.
[16] Cfr. R. De Asís. *Las paradojas de los derechos fundamentales como límites al Poder*, Madrid, Dykinson, 2000.
[17] Cfr. Fariñas Dulce. *Globalización, ciudadanía y derechos humanos*, cit., p. 18.
[18] Cfr. Viola. "La ética de los derechos", cit., p. 521.

En este sentido, el respeto a la persona humana implica "la custodia de aquello que cree ser, que cree deber ser o hacer, o quiere ser o hacer"[20]. En definitiva, la ética de los derechos se reconduciría a la idea de autonomía: lo protegido es "el bien de ser uno mismo y de dar forma a la propia existencia"[21]. Así, los derechos serían "espacios de libertad que los individuos utilizan según sus preferencias para dar forma a sus proyectos de vida y, consecuentemente, a sus concepciones del bien"[22]. El ámbito de los derechos sería el de la ética pública, el de la teoría de la justicia, que no presupone ninguna concepción del bien, no dice qué elecciones deben tomar los agentes morales, no señala cómo deben organizar su vida. Viola lo ha expresado de manera muy gráfica: la ética de los derechos "debe ser vista como una especie de mar común, para la que hay barcas y cartas de navegación, pero en la que las formas y los destinos del viaje dependen de las deliberaciones de los marineros individuales, de su proyectos y finalidades. Ello no significa que todo lo que deliberan sea bueno y aceptable: el mar también puede servir para actos de piratería o para contaminar. La virtud consistirá en saber practicar los derechos de modo que se pueda justificar publicamente las propias decisiones"[23].

Por tanto, posiblemente una buena manera de identificar una ética de los derechos universalizable sea concebirla como una estructura formal que permita que los individuos desarrollen sus concepciones del bien, cuya validez y aceptabilidad va a

---

[19] Cfr. ibíd., p. 522.
[20] Ibíd.
[21] Ibíd.
[22] Ibíd., p. 515.
[23] Ibíd., p. 523.

depender de su justificación y de su capacidad para generar acuerdo en torno a sí. Es, como se observará, una propuesta de mínimos, imprescindible para entender el contenido de la universalidad como punto de partida.

Pero la universalidad de los derechos también puede entenderse como punto de llegada, como meta a alcanzar[24]. Siendo conscientes de todos los problemas teóricos y prácticos, la universalidad de los derechos es un paradigma. Para la materialización de dicho paradigma parece imprescindible la construcción de un Estado de Derecho cosmopolita[25] que exigiría, en todo caso, la satisfacción de determinadas condiciones que, entre otras, son las que caracterizan a los Estados de Derecho nacionales que constituyen los escenarios idóneos para la satisfacción de los derechos. OTFRIED HÖFFE ha afirmado al respecto la irrenunciabilidad de las estructuras democráticas del Estado nacional: "debe recordarse que el proyecto político de la modernidad, el Estado democrático de derecho, representa una conquista de rango moral que no puede ser sacrificada en aras de los mercados económicos y financieros globales. La respuesta en ningún caso suficiente, pero normativamente irrenunciable, a la globalización se llama democracia mundial"[26]. Hay que tener

---

[24] Cfr. G. PECES-BARBA. "La universalidad de los derechos humanos", *Doxa*, 15-16, 1994, pp. 613 y ss.

[25] LUIGI FERRAJOLI habla al respecto de un "constitucionalismo de derecho internacional", o de un "constitucionalismo mundial" en varios de sus trabajos. Cfr. "El Derecho como sistema de garantías" y "La Soberanía en el mundo moderno", recogidos en ÍD. *Derechos y garantías. La ley del más débil*, P. ANDRÉS y A. GREPPI (trads.), Madrid, Trotta, 1999.

[26] O. HÖFFE. "Estados nacionales y derechos humanos en la era de la globalización", *Isegoría*, n.º 22, 2000, p. 21.

en cuenta que la materialización de esas condiciones supondría la superación del relativismo que ha caracterizado a las normas del Derecho internacional. En efecto, como ha reconocido Juan Antonio Carrillo, las normas del Derecho internacional son relativas en un triple sentido: "1) su alcance varía en función de las obligaciones asumidas por los Estados; 2) la apreciación de las situaciones jurídicas en que un Estado se encuentre implicado depende, en principio, de cada Estado, ya que las posiciones jurídicas y las pretensiones contradictorias de los Estados pueden coexistir dado que el sometimiento de una controversia al arbitraje o a la justicia internacional es voluntario y depende del consentimiento de los Estados; 3) finalmente, la sanción de los hechos ilícitos internacionales raramente toma la forma de una reacción social organizada e institucionalizada, ya que, en principio, cada Estado aprecia subjetivamente su posición jurídica frente a otro Estado y, cuando estima que un determinado ilícito internacional es atribuible a este último, puede adoptar, en las condiciones regladas por el Derecho internacional, las contramedidas que considere adecuadas"[27]. En este contexto, en que la voluntad de los Estados es poco menos que omnipotente y el carácter vinculante de las obligaciones en el ámbito internacional depende en última instancia del reconocimiento de los Estados, éstos gozan de un amplio margen de maniobrabilidad en relación con los derechos. Dicho margen decrecería a medida que se fueran materializando determinadas condiciones, que en realidad pueden ser entendidas como requisitos mínimos del Derecho moderno, reconducibles a las siguientes:

---

[27] J. A. Carrillo Salcedo. "Derechos humanos y Derecho internacional", *Isegoría*, n.º 2, 2000, p. 71.

1. La realización de las exigencias del principio de legalidad y del imperio de la ley en el marco del Derecho internacional. Ello implica que, de la misma manera que en el interior de un Estado de Derecho los sujetos –públicos y privados, singulares o colectivos– están sometidos a las normas jurídicas, también en el ámbito internacional se debe producir tal sometimiento, en este caso básicamente a las normas del Derecho internacional.

2. La efectividad del principio de igualdad ante el Derecho en el ámbito de la sociedad internacional. De la misma manera que así se propugna en el marco del Estado de Derecho, también en el ámbito internacional todos los sujetos deben ser iguales ante el Derecho y el Derecho debe ser el mismo para todos. Estamos aludiendo por tanto a la igualdad formal. Pero, también en paralelismo con lo que ocurre en los Estados, las exigencias exclusivas de la igualdad formal son *per se* insuficientes: deben ir acompañadas y completadas por la satisfacción de las exigencias de la igualdad sustancial que, en este contexto, están estrechamente vinculadas a la realización de políticas de cooperación para el desarrollo.

3. Parece imprescindible, para satisfacer las anteriores exigencias, la existencia de una autoridad, con el suficiente grado de localización y fortaleza, capaz de imponer, en última instancia a través de la fuerza, las normas del Derecho internacional. Eso es lo que ocurre, también, en el interior de los Estados de Derecho respecto a las normas jurídicas nacionales.

4. Por último, las anteriores condiciones necesitan desarrollarse en un marco de legitimidad derivado, básicamente, del origen y ejercicio de la autoridad encargada de producir y hacer cumplir las normas.

En realidad, podemos reconocer que lo que se está proponiendo es la traslación a la esfera internacional de las exigencias kantianas en relación con la constitución republicana del Estado. En efecto, recordemos que en el primer artículo definitivo para la *Paz perpetua*, KANT señala que la constitución republicana de un Estado es la que se adecua a los principios "1) de la *libertad* de los miembros de una sociedad (en cuanto hombres), 2) de la *dependencia* de todos respecto a una única legislación común (en cuanto súbditos) y 3) de conformidad con la ley de la *igualdad* de todos los súbditos (en cuanto ciudadanos)"[28].

A la vista de lo anterior, y en presencia de las circunstancias que caracterizan en la actualidad a la sociedad internacional y a las relaciones internacionales, alguien caracteriza la propuesta que aquí se hace como utópica e irrealizable. Lo cierto es que no se niega lo difícil de la tarea que tenemos por delante. Pero nadie ha dicho que las exigencias de la universalidad sean sencillas. Creo que ser consciente de las dificultades de esas exigencias es una manera de comenzar a tomarse en serio la universalidad de los derechos y todo lo que ello implica. En todo caso, y si hemos partido de la vinculación entre derechos, Estado de Derecho y democracia, dicha conexión tendrá que hacerse patente de alguna manera también en el marco internacional, escenario imprescindible de la universalización de los derechos[29]. ¿Hablar de democracia y de Estado de Derecho en el ámbito internacional es utópico? No lo sé. ¿Es difícil? Estoy seguro de ello. En

---

[28] I. KANT. *La paz perpetua*, J. ABELLÁN (trad.), Madrid, Tecnos, 1985, p. 15.
[29] Cfr. al respecto la propuesta de LUIGI BONANATE, "Internazionalizzare la democrazia dei diritti umani", *Teoria politica*, XIV, n.º 2, 1998, pp. 49 y ss.

todo caso, conviene recordar que posiblemente se tenga razón al afirmar que las utopías son verdades prematuras, y que el día que los derechos pierdan su componente utópico, su historia, que es la de luchas y reivindicaciones que en un primer momento parecieron imposibles, habrá terminado, y con ella la nuestra.

CAPÍTULO QUINTO

CONSTITUCIONALISMO Y CONSTITUCIÓN EUROPEA

1. *Preliminar*

La intención de esta aportación es desarrollar un análisis crítico tanto de la idea de Constitución que se plasma en el proceso constitucionalizador europeo como de la concepción de los derechos que se maneja en el texto propuesto por la Convención. De lo que se trata es de analizar el sentido del Proyecto de Tratado por el que se instituye una Constitución para Europa a la luz de lo que podríamos denominar "la lógica del constitucionalismo", que es, en definitiva, la de la limitación jurídica y política del Poder mediante estrategias formales, procedimentales y sustanciales que tienen como elemento último de referencia el valor y la centralidad de la persona humana[1]. Es evidente que los derechos fundamentales deberían tener una especial relevancia en ese proceso constitucionalizador; por lo menos, la tienen en esa lógica a la que se acaba de aludir, desde el momento en que el reconocimiento y la garantía de los derechos son un elemento a tener en cuenta en la

---

[1] Se asume, así, que el constitucionalismo actuaría como una plataforma intelectual desde la que es posible atribuir sentido a aquello que es analizado: cfr. J. H. H. WEILER. *La Costituzione dell'Europa*, F. MARTINES (ed.), Bologna, il Mulino, 2003, p. 454.

afirmación de la naturaleza constitucional de un proyecto como el que tenemos ante nosotros[2]. Por lo tanto, el análisis de la concepción de los derechos que se plasma en el Proyecto a través de la Carta de Derechos Fundamentales de la Unión (incluida como se sabe en la Parte II del Proyecto), parece de especial importancia. Y ello es más relevante en un contexto progresivamente multicultural, como el europeo. En este sentido, la Constitución europea (si realmente se trata de eso, de una Constitución) y la Carta de Derechos que en ella se integra, tienen ante sí el reto de construir y presentar un modelo de ética pública en un contexto cada vez más alejado y distanciado de lo que podría ser una situación uniforme desde el punto de vista cultural. La importancia y la dificultad de ese reto se acrecienta en relación con la situación, ya de por sí compleja, que se puede dar en el interior de los Estados miembros de la Unión.

Se podría adelantar en este momento que el Proyecto de Constitución europea escapa a la "lógica del constitucionalismo", que en este caso, como mucho, se presenta como un constitucionalismo débil[3]. Esta lógica, como se señaló, es la de la limitación del Poder, pero a través del desarrollo e implementación de dimensiones sustanciales. Por eso los derechos ocupan un lugar preeminente en el discurso constitucionalista. Una Constitución, en este esquema, supone la presencia de una estructura de derechos fuerte, que es el elemento imprescindible –aunque

---

[2] Cfr. WEILER. *La Costituzione dell'Europa*, cit., p. 175.
[3] Cfr. P. CRUZ VILLALÓN. "Constitución nacional y Constitución europea", en ID. *La Constitución inédita. Estudios ante la constitucionalización de Europa*, Madrid, Trotta, 2004, p. 146.

no el único– a través del cual llevar a cabo esa tarea de limitación. La idea de límite que se maneja no es exclusivamente formal (puede existir en escenarios distintos al del constitucionalismo), sino que se reconduce en última instancia a una determinada propuesta material o sustancial, la de los derechos.

En este sentido, podemos sospechar que esta lógica no se encuentra presente en el caso del Proyecto de Constitución europea. Ciertamente, hasta ahora, el proceso constitucional europeo ha presentado graves carencias que en la actualidad se han evidenciado en la discusión sobre el Proyecto de Constitución. Hemos asistido en demasiadas ocasiones, en los trabajos de la Convención[4] y en el posterior debate sobre el Proyecto de Tratado, a una discusión no centrada, de manera principal, en el contenido de la Carta de Derechos fundamentales, o en los mecanismos limitativos del Poder (y en la necesaria y previa identificación de los Poderes –no sólo estatales– que hay que limitar), ni tampoco en las atribuciones y competencias que se reconocen al Parlamento, sino en las cuotas de Poder que se reservan a los Estados en los mecanismos de adopción de decisiones. En definitiva, a un esfuerzo de éstos por no perder parte del Poder del que ya disponen. Se podrá decir que también esto es una estrategia para limitar el Poder, pero parece más bien, como se señala, un esfuerzo por reservarse cuotas de Poder.

---

[4] Cfr. C. CLOSA. "The Convention method and the transformation of EU constitutional politics"; P. MAGNETTE. "Deliberation or bargaining? Coping with constitutional conflicts in the Convention of the Future of Europe", y J. E. FOSSUM. "Still a Union of deep diversity? The Convention and the Constitution of Europe", todos en E. O. ERIKSEN, J. E. FOSSUM y A. J. MENÉNDEZ. *Developing a Constitution for Europe*, London, Routledge, 2004, pp. 183 a 206, 207 a 225 y 226 a 247, respectivamente.

Esto demuestra, entre otras cosas, que el debate constitucional europeo está muy condicionado por la presencia de los Estados. Es cierto que los Estados han sido uno de los grandes motores de la construcción europea, pero la conversión de esta construcción en un auténtico edificio constitucional depende de que los ciudadanos europeos vayan adquiriendo un mayor protagonismo, lo cual pasa por determinadas transformaciones que implicarían, en primer lugar, una profundización en la participación en los procesos de construcción y de toma de decisiones (se contribuiría a superar el déficit democrático). Hay que tener en cuenta que la superación de ese déficit es una exigencia a la hora de dotar de una base social al Derecho de la Unión Europea. Se ha afirmado que la Unión Europea es una "comunidad de Derecho" (en la que bajo la primacía del principio de legalidad, se alcanzan los objetivos a través del Derecho)[5]. Pero sin la articulación de un *demos* europeo, esa "comunidad de Derecho" es algo que flota en el aire. La idea de "comunidad de Derecho" sólo funciona –en un contexto democrático– en una situación en la que no hay déficit democrático, o en la que éste está en vías de superación. El pleno funcionamiento de esta idea implica hacer referencia a un Derecho del que se predica legitimidad (tanto en lo que se refiere a su origen como en lo que se refiere a sus contenidos). Sin esa legitimidad es difícil que el Derecho se apoye en una sólida base social. Se trataría, además, de propiciar la progresiva desaparición, o su reducción a lo necesario, de la intermediación de los Estados en las relaciones entre ciudadanos e instituciones de la Unión. Es evidente,

---

[5] Cfr. Caso 294/83 "Parti écologiste 'Les verts' v. Parliament" del 23 de abril de 1986, ECR 1339, 1365.

en tercer lugar, que las anteriores transformaciones adquieren sentido tras la plena toma de conciencia de que la razón de ser de un auténtico sistema constitucional está constituida por la garantía de la dignidad de las personas y de sus derechos.

A partir de lo anterior, articularé el desarrollo de esta aportación a través de tres momentos. En primer lugar, me referiré al sentido de lo que podemos denominar "la lógica del constitucionalismo", de manera que podamos disponer de un modelo teórico desde el cual considerar la "aventura constitucional europea". Creo que el constitucionalismo contemporáneo nos ofrece el único parámetro –o, por lo menos, el principal– desde el cual valorar la validez y consistencia de dicha aventura, siempre y cuando nos tomemos en serio el concepto de Constitución, evitando así caer en un discurso meramente retórico al respecto. La lógica del constitucionalismo permite apreciar la vinculación intelectual entre la Constitución, de un lado, y las exigencias de la democracia y los derechos, de otro. A partir de ahí estaremos en condiciones de considerar, en segundo lugar, el déficit democrático que parece aquejar no sólo a la elaboración de la Constitución sino también al mismo proceso de integración, del que la Constitución sería una culminación, pero que la trasciende en su sentido. Al final, reflexionaré sobre el núcleo de la propuesta sustancial o material que presenta el proyecto de Constitución y que se contiene en la Carta de Derechos.

Hay que señalar también que la adopción de la perspectiva de la lógica del constitucionalismo, y la consiguiente posición crítica con respecto al proceso constitucionalizador europeo no es radicalmente incompatible con aquella tesis según la cual la Unión Europea ha ido asumiendo progresivamente rasgos que de alguna manera tenderían a manifestar su naturaleza constitucional (*transformation thesis*)⁶. No obstante, en este trabajo pretendo defender la tesis según la cual aunque en el Derecho de la Unión Europea existan ciertas características que se predican de las constituciones, no hay una Constitución en sentido estricto desde el momento en que no se respeta la lógica del constitucionalismo. Creo que la cuestión de la caracterización de la Constitución permite una aproximación según la cual la presencia de una Constitución supone la satisfacción de determinados rasgos por parte de una norma⁷. Pero la satisfacción por parte de una norma de los rasgos que se predican normalmente de la Constitución no implica de manera necesaria su adecuación al sentido marcado por la lógica del constitucionalismo que, aunque ciertamente tiene una expresión formal, va mucho más allá de ella, recibiendo su sentido de las funciones desempeñadas por la Constitución y de la interpretación de las mismas.

2. La lógica del constitucionalismo

La adopción de la perspectiva constitucionalista nos permite analizar si el proyecto que tenemos ante nosotros es una Constitución, o lo puede ser, en el sentido que del término maneja el constitucionalismo. Y ello porque en nuestro contexto po-

---

[6] Cfr. P. CRAIG. "Constitutions, constitutionalism, and the European Union", *European Law Journal*, vol. 7, n.º 2, 2001, pp. 128 a 135.

[7] RAZ se ha referido a alguno de estos rasgos al señalar, por ejemplo, el carácter constitutivo del orden político y jurídico, la forma escrita, la naturaleza superior, estable y protegida, y la dimensión expresiva de una ideología común de la Constitución. Cfr. "On the authoriry and interpretation of constitutions: Some preliminaires", en L. ALEXANDER (ed.). *Constitutionalism. Philosophical Foundations*, Cambridge University Press, 2001, pp. 153 y 154.

lítico, cultural y jurídico, que no es sino el que se propone como escenario del proceso de integración europea, parece difícil el manejo de una idea de Constitución dotada de sustantividad al margen de las coordenadas del constitucionalismo. De lo contrario, como se ha señalado, se puede incurrir en un uso retórico del concepto de Constitución. Por otra parte, el análisis del sentido que las Constituciones tienen en los contextos nacionales y las funciones que desarrollan en éstos constituye un punto de partida óptimo para evaluar el significado y alcance del Proyecto de Tratado[8].

Ciertamente, el constitucionalismo moderno presenta contornos conceptuales muy amplios. En este sentido, ha sido definido como el "conjunto de doctrinas que a partir de la mitad del siglo XVIII han valorado de diferentes maneras el término-concepto de 'Constitución' con el fin de facilitar y lograr la consecución de dos operaciones decisivas: la proyección de una forma de gobierno inspirada en el principio de la reducción y de la contención de la dimensión del arbitrio político y la correlativa e inescindible afirmación histórica de los derechos individuales y de sus formas de garantía"[9]. El núcleo conceptual de la propuesta constitucionalista está constituido por la idea de limitación del Poder a través del Derecho, en el marco de una filosofía política que tiene como objetivo la elaboración de propuestas de control y racionalización del Poder. Pero los instrumentos que el constitucionalismo propone utilizar para limitar al Po-

---

[8] Cfr. CRAIG. "Constitutions, constitutionalism, and the European Union", cit., p. 126.
[9] M. FIORAVANTI. "Il principio di eguaglianza nella storia del costituzionalismo moderno", en ÍD. *Le scienze del diritto pubblico. Dottrine dello Stato e della Costituzione tra Otto e Novecento*, II, Milano, Giuffrè, 2001, p. 797.

der son jurídicos: la racionalización del Poder se lleva a cabo mediante la articulación de instituciones jurídicas[10] (pensemos, por ejemplo, en el imperio de la ley, el principio de separación de poderes, la rigidez constitucional o el instituto del control de constitucionalidad).

A partir de una caracterización genérica como la que se acaba de presentar, caben ulteriores matizaciones. Así, MICHEL TROPER también se refiere a diversas acepciones de "constitucionalismo" y distingue entre el constitucionalismo *lato sensu*, el constitucionalismo *stricto sensu* y el constitucionalismo *strictissimo sensu*[11]. El constitucionalismo *lato sensu* afirma la necesidad en todo Estado de una Constitución, como medio para evitar el despotismo; el constitucionalismo *stricto sensu* añade, a la existencia de una Constitución, el hecho de que ésta esté basada en ciertos principios encaminados a impedir el despotismo o a garantizar la libertad política; en fin, el constitucionalismo *strictissimo sensu* afirma la necesidad del control de constitucionalidad de las leyes como medio imprescindible para alcanzar los objetivos a los que se acaba de aludir. Por su parte, CARLOS S. NINO propuso conceptos más o menos robustos de constitucionalismo en función de las exigencias que se satisficieran en cada caso[12], y que iban

---

[10] Cfr. CH. MCILWAIN. *Costituzionalismo antico e moderno*, V. DE CAPRARIIS (trad.), N. MATTEUCCI (introd.), Bologna, il Mulino, 1990, p. 44; G. GOZZI. "Storia e prospettive del costituzionalismo", en G. BONGIOVANNI (ed.). *La filosofia del diritto costituzionale e i problemi del liberalismo contemporáneo*, Bologna, Clueb, 1998, p. 13.

[11] Cfr. M. TROPER. "El concepto de constitucionalismo y la moderna teoría del Derecho", en ÍD. *Por una teoría jurídica del Estado*, M. VENEGAS GRAU (trad.), Madrid, Dykinson, 2001, pp. 183 y 184.

[12] Cfr. C. S. NINO. *La Constitución de la democracia deliberativa*, R. P. SABA (trad.),

desde un grado *poco exigente* en el que el constitucionalismo se identifica con la teoría del *rule of law,* y de la limitación de los poderes a través de reglas (pasando por la separación de poderes y los mecanismos de control de constitucionalidad, por ejemplo), hasta un constitucionalismo *robusto* vinculado a un modelo particular de democracia, que se puede identificar con el desarrollo de mecanismos participativos y representativos. De acuerdo con lo anterior, NINO proponía distinguir diversos conceptos de constitucionalismo, más fuertes o más débiles, lo cual dependía de la mayor o menor atención que se prestara a los contenidos de la Constitución. De manera que llegaba a afirmar que un constitucionalismo débil o poco exigente –que no se refiere a los contenidos sustanciales de la Constitución– pudiera existir en un régimen no democrático en el que una determinada articulación del Ordenamiento sirve para impedir ciertos abusos y supone una mínima limitación al Poder[13], mientras que el constitucionalismo más robusto es el más condicionado por los derechos y libertades contenidos en la Constitución, protegidos mediante mecanismos reforzados. Pues bien, el constitucionalismo en el que concurren, en mi opinión, mejores argumentos a su favor (ya que, entre otras cosas, contribuye a dotar de sustantividad al Estado constitucional frente a un mero Estado con Constitución) y que constituye la atalaya desde la cual evaluar el Proyecto de Constitución europea es el más estricto (TROPER) o el más robusto (NINO). Creo que, en realidad, este

---

Barcelona, Gedisa, 1997, pp. 16 y 17. Anteriormente NINO se había referido a dos sentidos de "constitucionalismo", el mínimo y el pleno, en *Fundamentos de Derecho constitucional*, Buenos Aires, Astrea, 1992, pp. 2 a 4.

[13] El ejemplo que proponía NINO era el del régimen del general PINOCHET en Chile.

constitucionalismo estricto o robusto es el que está definiendo LA TORRE cuando se refiere a los rasgos del constitucionalismo europeo tras la Segunda Guerra Mundial y que resume en los cinco siguientes[14]: 1. Un redescubrimiento de la tradición iusnaturalista, que implica una nueva conexión entre el Derecho constitucional y las teorías del Derecho natural, que determinaría una negación de la oposición absoluta entre el Derecho positivo y el Derecho natural[15]; 2. La afirmación básica de que el ser humano es portador de una dignidad que el Derecho no puede ignorar; 3. El carácter intangible de la Constitución y de sus contenidos básicos; 4. La articulación de mecanismos limitativos en relación con el legislador y, 5. La consideración de la Constitución como (el resultado de) un auténtico acuerdo social programático.

En este contexto de significaciones, el constitucionalismo maneja una determinada idea de Constitución, vinculada a una cierta concepción instrumental de la misma en relación con su fin básico (que en realidad es el del constitucionalismo), que no es sino el del reconocimiento y garantía de derechos, mediante técnicas de limitación del Poder. Es en este punto en el que la Constitución se presenta como la gran herramienta del constitucionalismo. Así, la materialización de las exigencias constitucionalistas vinculadas a la limitación del Poder y a la afirmación de esferas de garantía respecto de los derechos y libertades, se logra a través de la implementación de un texto constitucional carac-

---

[14] Cfr. M. LA TORRE. "*Wille zur Verfassung*, or the constitutional State in Europe", en ERIKSEN, FOSSUM y MENÉNDEZ. *Developing a Constitution for Europe*, cit., p. 155.

[15] Creo que la propuesta de GUSTAVO ZAGREBELSKY en *Il diritto mite* es un buen ejemplo al respecto.

terizado por determinados rasgos. De manera ciertamente resumida, podemos afirmar que la Constitución del constitucionalismo expande su influencia por todo el Ordenamiento jurídico, mostrando su presencia en ámbitos cuya regulación correspondía antes a otras instancias, y condicionando de manera directa la actuación de determinados operadores jurídicos, de manera evidente el legislador[16].

Se han propuesto, desde diferentes puntos de vista, distintas clasificaciones de la idea de Constitución. Creo, así, que resulta interesante la distinción entre Constitución *necesaria* y Constitución *contingente*[17]. La Constitución *necesaria*, que resultaría de la propuesta del positivismo normativista, se identifica con el conjunto de normas fundamentales de un sistema jurídico-político que establecen los criterios para determinar la identificación, la unidad y la continuidad o permanencia del Derecho; se caracteriza también por implicar una práctica social y por carecer de carácter justificativo, es decir, por no ser fuente de deberes morales genuinos. La idea de Constitución *contingente* implica que no todo sistema jurídico dispone de una Constitución en este sentido. De acuerdo con lo anterior, es posible que un sistema jurídico carezca de Constitución. Dicha situación se puede producir en dos casos: en aquellos en los que se maneja la idea de Constitución formal-rígida, y en aquellos otros en los que

---

[16] Cfr. por todos, R. GUASTINI. "La 'constitucionalización' del Ordenamiento jurídico: el caso italiano", J. M. LUJAMBIO (trad.), en M. CARBONELL (ed.), *Neoconstitucionalismo(s)*, Madrid, Trotta, 2003, p. 49. Por su parte, CARLOS DE CABO analiza la "hiperconstitucionalización" del sistema jurídico en *Sobre el concepto de ley*, Madrid, Trotta, 2000, p. 80.

[17] Cfr. J. ÁGUILO REGLA. "Sobre la Constitución del Estado constitucional", *Doxa*, n.º 24, 2001, pp. 435 y ss.

la idea de Constitución a la que se alude es la propuesta por el constitucionalismo. En efecto, son fácilmente imaginables situaciones en las que, o bien no exista una Constitución formal, o bien la Constitución que exista no coincida con las coordenadas intelectuales y políticas del constitucionalismo.

De acuerdo con la anterior clasificación, la Constitución del constitucionalismo se nos presenta como una Constitución contingente, garantizada a partir de la presencia de diversos mecanismos específicos que la diferencian del resto de normas del sistema y que están vinculados al ideario constitucionalista. En el constitucionalismo la consideración formal y material de la Constitución guardan cierta relación entre sí. En efecto, la Constitución es la norma superior del sistema, la norma suprema. Su carácter supremo está garantizado a través de la operatividad de determinados mecanismos de protección (rigidez, procedimientos agravados de reforma). Pero no cualquier norma suprema protegida es una Constitución para el constitucionalismo. Para poder serlo, la norma suprema debe superar lo que podríamos considerar el test de los contenidos. La Constitución debe acoger en su seno determinados contenidos que se vinculan en última instancia al ideario de la democracia liberal: derechos y libertades. En relación con éstos, su constitucionalización y la forma de la Constitución, a partir de su resistencia, actúa como elemento de garantía. Pues bien, creo que puede estar justificado un cierto escepticismo en relación con la posición que ocupan los derechos, y su reconocimiento, en el interior del proyecto constitucional europeo. El análisis del Proyecto en perspectiva constitucionalista obliga a plantearse hasta qué punto la presencia de derechos constituye el corazón normativo del proyecto. Más allá de la discusión sobre el valor jurídico de la Carta –cuestión ésta que parece felizmente superada– hay que reconocer que estamos ante un proyecto que hoy es constitucional (al menos se presenta como tal) pero que tiene su origen en acuerdos y tratados entre Estados, de naturaleza esencialmente económica, de los que se derivan el reconocimiento de derechos y libertades vinculados a la circulación de personas y mercancías.

En todo caso, si alguna utilidad tiene en este momento la caracterización, por muy básica que sea, de la perspectiva constitucionalista, aquella consiste precisamente en que permite enfocar la cuestión de la Constitución europea en términos de condiciones de la Constitución europea. Ello nos posibilita plantear el problema de las condiciones que debería satisfacer la Constitución europea para ajustarse a las exigencias del constitucionalismo; y de las condiciones de un contexto hipotético en el que la Constitución adquiriera sentido en el marco del constitucionalismo,

Una referencia a las funciones que debe cumplir una Constitución posiblemente nos ayude a afrontar las anteriores cuestiones. GREGORIO PECES-BARBA ha aludido en este orden de cosas a tres funciones: 1. Función de seguridad; 2. Función de justicia, y 3. Función de legitimidad[18]. En los tres casos, el significado de la función viene determinado precisamente por determinadas cuestiones y por la respuesta a las mismas.

En el primer caso –función de seguridad– se trata de responder a las cuestiones: ¿quién manda? y, ¿cómo se manda? Así, la función

---

[18] Cfr. G. PECES-BARBA. "La Constitución en la cultura política y jurídica moderna", en G. PECES-BARBA y M. A. RAMIRO AVILÉS (eds.). *La Constitución a examen. Un estudio académico 25 años después*, Madrid, Marcial Pons, 2004, pp. 51 y ss.

de seguridad implica que la Constitución incluye determinados contenidos: la organización de los poderes, sus funciones y competencias, y los procedimientos para su funcionamiento y para la toma de decisiones; las reglas del juego en relación con el acceso al Poder y en cambio en el Poder; las normas que juridifican la resistencia, incluyéndola en el sistema (sistema de recursos, derecho a la jurisdicción); mecanismos que reducen la arbitrariedad del Poder a través del imperio de la ley y de la reacción frente a los abusos; normas de identificación de normas, que establecen los criterios de producción normativa (empezando por la reforma de la propia Constitución); y normas que regulan el uso de la fuerza. Como señala Peces-Barba, "en su dimensión de justicia formal, la función de seguridad ayuda a limitar el voluntarismo del Poder y a crear sensación de libertad en los ciudadanos. Es, por consiguiente, una dimensión esencial para la cohesión social y para la adhesión y el acuerdo de la ciudadanía con su sistema político y jurídico".

En el segundo caso –función de justicia– la cuestión formulada es: ¿qué se manda? Aquí los derechos fundamentales ocupan una posición protagónica. La respuesta a la cuestión planteada permite identificar la opción moral asumida por el Ordenamiento. En el constitucionalismo contemporáneo, esa opción moral, ese "punto de vista sobre la justicia", es particular y exigente y se expresa en última instancia a través de los valores y derechos.

En el tercer caso –función de legitimidad– la cuestión es: ¿por qué se manda? Peces-Barba vincula la satisfacción de esta función al correcto funcionamiento de las dos anteriores. El ejercicio de la función de legitimidad implica el reconocimiento del valor de la Constitución desde el momento en que contribuye a crear condiciones de seguridad y de justicia en el marco de las cuales los individuos puedan desarrollar sus planes de vida. De esta manera, al tiempo que la articulación de esas condiciones explica por qué se ejerce el Poder, también genera razones a favor de la obediencia a la Constitución.

DIETER GRIMM, por su parte, se ha referido a la función de juridificación del Poder por parte de la Constitución, que incluye tres componentes básicos[19]: 1. La Constitución establece el principio de legitimación del Poder político, y las condiciones fundamentales de legitimidad de su ejercicio; 2. La Constitución contiene las disposiciones sobre la institución y el ejercicio del Poder, y 3. La Constitución traza los límites entre el poder de coerción, de un lado, y la libertad individual y la autonomía social, de otro. La conclusión a la que llega GRIMM es que en ausencia de estos componentes hay que hablar de "semiconstitucionalismo" o de "constitucionalismo aparente". Creo, en este sentido, que la función de juridificación del Poder a la que se refiere GRIMM es capaz de compendiar las tres funciones aludidas por PECES-BARBA desde el momento en que expresa la idea básica que, en el marco del constitucionalismo, debe vincularse a la Constitución: la limitación del Poder a través del Derecho.

Pues bien, si las anteriores funciones caracterizan de manera sumaria el concepto de Constitución, nos encontramos frente a la cuestión de hasta qué punto el Proyecto de Constitución

---

[19] Cfr. D. GRIMM. "Una costituzione per l'Europa?, en G. ZAGREBELSKY, P. P. PORTINARO y J. LUTHER (eds.). *Il futuro della costituzione*, Torino, Einaudi, 1996, pp. 347 y 348; ID. "Treaty or constitution? The legal basis of the European Union after Maastricht", en E. O. ERIKSEN, J. E. FOSSUM y A. J. MENÉNDEZ. *Developing a Constitution for Europe*, cit., p. 71.

Europea satisface estas funciones[20]. Y es posiblemente en lo referido a las dimensiones vinculadas a la legitimidad en donde el Proyecto muestra sus carencias más relevantes. En ello tiene mucho que ver la ausencia de condiciones democráticas y participativas no ya del proceso constitucionalizador en concreto, sino del más amplio proceso de integración política europea.

3. *Constitución europea y democracia*

El contexto del constitucionalismo contemporáneo es el de los sistemas democráticos. El control al que se somete al Poder –a través de la Constitución– es llevado a cabo a través de mecanismos democráticos, esto es, participados en lo que se refiere a las decisiones sobre los mismos, y vinculados al respecto a los derechos. En este sentido, existe una estrecha conexión entre la Constitución del constitucionalismo y la democracia. Y esta relación puede ser analizada de diferentes maneras. Por una parte, los contenidos de la Constitución son los contenidos de la democracia. Ambos coinciden en su elemento básico: los derechos. Esta es la perspectiva de los derechos. Los

---

[20] Desde una perspectiva diferente, JAVIER DE LUCAS también se ha mostrado crítico en relación con la capacidad del Proyecto a la hora de cumplir determinadas funciones básicas de una Constitución: "resulta difícil dar argumentos que nos permitan sostener la tesis de que este texto 'constitucional' desempeñe las funciones políticas que deben cumplir las Constituciones, que no se limitan a la organización del trabajo (político) de las instituciones, a la 'arquitectura institucional' o, si se quiere decir de una forma más brutal, al reparto del ejercicio del Poder por quienes gestionan las instituciones, sino que ofrecen un proyecto, un programa político": "Perplejidades ante la 'Constitución Europea'", *Jueces para la Democracia*, n.º 50, 2004, p. 5.

derechos son un elemento fundamental tanto del concepto de Constitución que maneja el constitucionalismo, como de la idea de democracia. En relación con la Constitución, 1. Los derechos constituyen el núcleo del proceso de materialización que caracteriza el Derecho del constitucionalismo[21]; 2. El reconocimiento de derechos es una de las principales estrategias a la hora de limitar el Poder por parte de la Constitución; 3. Desde el punto de vista de un concepto normativo de Constitución, como el propio del constitucionalismo, los derechos se presentan como un requisito conceptual de la idea de Constitución que se manifiesta en el artículo 16 de la Declaración de Derechos del Hombre y del Ciudadano de 1789. En relación con la democracia: 1. Los derechos son también un componente, tanto desde el punto de vista sustancial como desde el punto de vista procedimental, de la democracia, y 2. Por otra parte, el Poder democrático es el único capaz de autolimitarse a través del reconocimiento de derechos.

La otra perspectiva es la de la participación. La Constitución, como decisión política y jurídica que es, necesita ser el resultado de la deliberación y de la participación. Y ello, al menos, por dos razones. En primer lugar, porque deliberación y participación constituyen las exigencias políticas básicas de los procesos de toma de decisiones colectivas en democracia; en segundo lu-

---

[21] Cfr. J. HABERMAS. *Facticidad y validez. Sobre el derecho y el Estado democrático de Derecho en términos de teoría del discurso*, M. JIMÉNEZ REDONDO (introd. y trad.), Madrid, Trotta, 1998, p. 537; M. LA TORRE. "Derecho y conceptos de Derecho. Tendencias evolutivas desde una perspectiva europea", *Revista del Centro de Estudios Constitucionales*, n.º 16, 1993, p. 70; L. FERRAJOLI. "Democrazia e costituzione", en ZAGREBELSKY, PORTINARO y LUTHER (eds.). *Il futuro della costituzione*, cit., p. 321.

gar, porque deliberación y participación constituyen también los requisitos de la identificación y vinculación que debe existir entre la comunidad política a la que va destinada (y de la que surge) la Constitución y ésta. Es precisamente la discusión y la participación lo que suministra la base social necesaria sin la cual la sociedad observa a la Constitución como algo extraño. HABERMAS ha recordado la idea de que la soberanía popular significa *autolegislación*. Sin la idea de autolegislación, no se puede entender el significado moderno de la Constitución. Interpretando a ROUSSEAU y a KANT, señala HABERMAS: "En lugar de un pacto histórico, en lugar del *pactum subjectionis*, aparece aquí el contrato social como un modelo abstracto del modo y manera de *constitución* de un poder político que sólo puede legitimarse ya como ejecución de una autolegislación democrática"[22]. Desde este planteamiento, la Constitución implica autolegislación democrática. Por eso el sentido de la Constitución es uno muy distinto al de las Cartas otorgadas. Sin ese ejercicio de autolegislación, parece complicado interpretar la Constitución europea en clave democrática.

Parece evidente que esta cuestión nos sitúa frente al problema del déficit democrático predicable, en términos generales, del proceso de integración europeo y en particular, del Proyecto de Constitución[23]. RICHARD BELLAMY y DARIO CASTIGLIONE han

---

[22] HABERMAS. "Ciudadanía e identidad nacional", en ÍD. *Facticidad y validez*, cit., p. 624.
[23] Cfr., entre otros, GRIMM. "Una costituzione per l'Europa?", cit.; J. HABERMAS. "Una costituzione per l'Europa? Osservazioni su Dieter Grimm", en ZAGREBELSKY, PORTINARO y LUTHER (eds.). *Il futuro della costituzione*, cit., pp. 369 y ss.

señalado que, en realidad, cuando se habla de déficit democrático hay que hacer referencia a tres déficits[24]: 1. El déficit constitucional, provocado por la falta, ya sea de una estructura normativa dotada de una autoridad reconocida, ya sea de procedimientos formales plenamente legitimados y consolidados; 2. El déficit federal, que deriva de la ambigua relación que existe entre las instituciones europeas (que reivindican poderes federales) y las instituciones nacionales, que se oponen a ello, y 3. El déficit democrático en sentido propio, derivado de la ausencia de una ciudadanía política y social y de la escasa influencia que los ciudadanos tienen sobre las políticas y los gobernantes europeos.

El déficit democrático en sentido propio o estricto (*no demos thesis*) tiene mucho que ver con la estrategia jurídica seguida en el propio proceso de construcción europea. Como ha señalado entre otros GRIMM, la Unión Europea funciona de acuerdo con tratados y no de acuerdo con una Constitución (estamos frente a un "Proyecto de *Tratado* por el que se instituye una Constitución para Europa"). En este punto las diferencias van más allá de la literalidad de la expresión utilizada. Así, GRIMM señala explícitamente que "una Constitución en el sentido pleno del término debe necesariamente reconducirse a un acto del pueblo o cuando menos atribuido al pueblo, mediante el cual éste se

---

[24] Cfr. R. BELLAMY y D. CASTIGLIONE. "Il deficit democratico dell'Europa e il problema costituzionale", en AA. VV. *Lo Stato di diritto. Storia, teoria, critica*, P. COSTA y D. ZOLO (eds.), Milano, Feltrinelli, 2002, p. 507. Una afirmación de la justificación democrática del déficit democrático y del carácter no mayoritario del proceso de integración es la defendida por G. MAJONE en "Europe's 'Democratic Deficit': The Question of Standards", *European Law Journal*, vol. 4, n.º 1, 1998, pp. 5 a 28.

autoconfiere la capacidad de actuar políticamente"[25]. A diferencia de la Constitución, los tratados derivan del acuerdo entre Estados. En este caso, "el poder público europeo no deriva del pueblo sino de la mediación de los Estados"[26].

Parece evidente que esta diferencia está vinculada a la escasa participación de los ciudadanos europeos en el proceso constitucionalizador. Hace algunos años, reflexionando sobre la importancia de la existencia de un auténtico proceso constituyente en Europa, Javier Corcuera señalaba taxativamente: "No hay Constitución en Europa, y para que la haya tiene que darse un proceso constituyente, pero ni cualquier texto es Constitución, ni aquel proceso carece de requisitos si pretende tener carácter constituyente"[27]. En este proceso, asistimos a una situación en la que se produce una inexistencia del "demos" europeo con participación activa. En este sentido, es difícil identificar un Poder constituyente europeo de la misma manera que en los Estados democráticos el Pueblo cumple esta función. En el proceso al que nos estamos refiriendo, el Pueblo europeo no es el protagonista de la decisión constitucional. Recordemos de nuevo el artículo I-1: "La presente Constitución, que nace de la voluntad de los ciudadanos y de los Estados de Europa de construir un futuro común, crea la Unión europea, a la que los Estados miembros confieren competencias para alcanzar objetivos comunes". Podemos efectuar el ejercicio intelectual consistente en comparar el sentido del artículo que

---

[25] Grimm. "Una costituzione per l'Europa?", cit., p. 353.
[26] Ibíd., p. 354. Cfr. también L. M. Díez-Picazo. *Constitucionalismo de la Unión Europea*, Madrid, Civitas, 2002, pp. 81 y ss.
[27] J. Corcuera. "Prólogo" a J. Ruipérez. *La "Constitución europea" y la teoría del Poder Constituyente*, Madrid, Biblioteca Nueva, 2000, p. 14.

acabamos de citar con algunos ejemplos extraídos de las legislaciones nacionales. Así, el artículo 1.2 de la Constitución española señala que "La soberanía nacional reside en el pueblo español del que emanan los poderes del Estado". Por su parte, el artículo 1.º de la Constitución italiana de 1947 explicita: "La soberanía pertenece al pueblo, quien la ejerce en la forma y en los límites de la Constitución". Parece evidente que si se comparte una comprensión de la soberanía popular vinculada a la exigencia de que los afectados por las decisiones jurídicas y políticas sean considerados participantes libres e iguales en los procedimientos en los que se toman esas decisiones[28], el problema que presenta la Constitución europea no lo es sólo en relación con el reconocimiento de la titularidad de esa soberanía, sino también en relación con el proceso de toma de decisiones en las que ese titular debe ser el protagonista último. En este sentido, HANKE BRUNKHORST ha señalado que el déficit democrático implica que, si bien los ciudadanos europeos tienen derechos, ellos no han tomado la decisión en lo que a su declaración y reconocimiento se refiere[29]. Por ello parece imprescindible destacar la importancia de la existencia de un Poder constituyente democrático efectivo. En el caso europeo, asistimos a un proceso que se presenta como constituyente y democrático y en el que el titular de ese Poder constituyente, que al mismo tiempo lo es de la soberanía, permanece mudo hasta ahora[30]. Y puede seguir permaneciendo así en el futuro, desde

---

[28] Cfr. H. BRUNKHORST. "A Polity without State? European constitutionalism between evolution and revolution", en ERIKSEN, FOSSUM y MENÉNDEZ. *Developing a Constitution for Europe*, cit., p. 99.

[29] Cfr. ibíd., p. 100.

[30] Cfr. R. M. LLOPIS CARRASCO. *Constitución europea: un concepto prematuro*, Va-

el momento en que existen Estados miembros en los que el referéndum en relación con el Proyecto de Constitución es sólo una posibilidad. Sin Poder constituyente democrático parecería complejo hablar de Constitución, y posiblemente sería mejor hablar de Constitutución *octroyée*[31].

Esa falta de protagonismo del Pueblo se percibe también en la "falta de capacidad de disposición" respecto a la Constitución. Su entrada en vigor –y su derogación– no dependen del Pueblo sino de la voluntad de los Estados. El Pueblo que forma la Unión Europea no puede disponer de su Derecho. En este sentido, los Estados siguen siendo los "señores de los Tratados". Es cierto que la aplicación del modelo liberal democrático más allá de las fronteras del Estado-nación es compleja, pero parece un requisito imprescindible del proceso de constitucionalización europea.

Pero es que, además, la intervención del *demos* en un proceso constituyente como el europeo cobra especial importancia desde el momento en que constituye la base legitimadora de esa "comunidad de Derecho" con la que se ha identificado la Unión Europea. En realidad, esa comunidad de Derecho puede ser interpretada como una expresión del imperio de la ley. Sin embargo, la idea nos sitúa frente al problema de la fuerza de ese Derecho, y más en un ámbito en el que la capacidad coercitiva del Estado no se encuentra presente, a diferencia de lo que ocurre en el ámbito nacional. En un contexto en el que

---

lencia, Tirant lo Blanch, 2000, pp. 205 y ss.; RUIPÉREZ. *La "Constitución europea" y la teoría del Poder Constituyente*, cit., pp. 139 y ss.; DE LUCAS. "Perplejidades ante la 'Constitución Europea'", cit., p. 8.

[31] Cfr. DE LUCAS. "Perplejidades ante la 'Constitución Europea'", cit., p. 9.

la única fuerza de la Unión es el Derecho, es especialmente relevante la existencia de una sólida base social que dote de legitimidad al Derecho, ya que ésa va a ser su fuente de autoridad básica. Parece que esa base social es difícilmente imaginable, en un contexto democrático, si se limitan los procesos deliberativos y decisorios a través de los que se expresa el *demos*. En términos democráticos, el problema del déficit afecta a la justificación de la autoridad del Derecho de la Unión Europea.

Es especialmente relevante la reivindicación del protagonismo del *demos* en un proceso en el que, como el europeo, se quiere presentar como constitucional. En este sentido, la alusión al *demos* debe entenderse lejana de una comprensión del *demos* como *volk*, que subraya las dimensiones étnicas y organicistas de una determinada comunidad, dimensiones que generarían una identidad colectiva cuya ausencia provoca el carácter estructural del déficit democrático, tal y como señala GRIMM[32]. Por el contrario, cuando aquí se alude al *demos* se está pensando en la participación popular, en el sustrato social de la Constitución, en el problema del mayor o menor protagonismo del Pueblo en la decisión constitucional, y ello con independencia de la existencia de elementos étnicos o culturales que desarrollen una función aglutinadora. Creo que es en este sentido en el que se

---

[32] Cfr. la sentencia del Tribunal Constitucional Federal alemán del 12 de octubre de 1993, respecto a la cual pueden encontrarse comentarios críticos en J. H. H. WEILER. "Does Europe need a Constitution? (Demos, Telos and the German Maastricht Decisión)", *European Law Journal*, n.º 1, 1995; J. H. H. WEILER, U. HALTERN y F. MAYER. *European Democracy and its Critique. Five Uneasy Pieces*, EUI Working Paper RSC n.º 95/11. El texto de la citada sentencia está traducido en el n.º 20 de la *Revista de Instituciones Europeas*, 1993, pp. 975 y ss.

debe interpretar la alusión a los "requisitos prejurídicos" de la democracia a los que se hace referencia en la sentencia del Tribunal Constitucional Federal alemán de 12 de octubre de 1993. Y ese problema de la falta de protagonismo del sustrato social sobre el que invariablemente debe descansar una Constitución que pretenda ser legítima y que tenga vocación de permanencia no se soluciona con una participación puntual de los parlamentos nacionales en el período de ratificación del Tratado. Creo que la afirmación del carácter suficiente de dicha participación es expresión de una concepción excesivamente formal de la legitimación democrática, ajena a la profundidad del déficit en lo que se refiere a estructuras y procesos[33].

No obstante, existen otras formas de analizar el problema derivadas de la aplicación de una determinada concepción de la democracia pluralista al caso europeo. Se ha afirmado, así, que el Derecho europeo debe entenderse de acuerdo con un modelo pluralista que, más allá del esquema dualista que caracteriza las relaciones entre el Derecho nacional y el Derecho internacional, niega la existencia de una fuente jurídica "que pueda aspirar a ser exclusiva y omnicomprensiva"[34]. En este sentido, la norma de reconocimiento del Ordenamiento dejaría de estar constituida por una norma y se identificaría con una práctica social y en último término jurisdiccional. De ser así las cosas, se derivarían consecuencias en lo que se refiere a la idea de Poder constituyente y al problema de la mayor o menor

---

[33] Cfr. WEILER, HALTERN y MAYER. *European Democracy and its Critique. Five Uneasy Pieces*, cit.

[34] M. LA TORRE. *Cittadinanza e ordine politico. Diritti, crisi della sovranità e sfera pubblica: una prospettiva europea*, Torino, Giappichelli, 2004, p. 85.

presencia del demos en los procesos constituyentes. Las condiciones de la democracia supranacional –como en el caso europeo– dificultarían los elementos participativos y la operatividad de la idea misma de "pueblo". Por eso LA TORRE señala que lo que es necesario es principalmente "un sistema de filtros y compuertas entre los diferentes órdenes (niveles) jurídicos que garantice su correspondencia con determinados contenidos normativos materiales, en particular la defensa y la producción de ciertos derechos eminentemente individuales, y asegure la transparencia, la publicidad y la apertura constante a la opinión pública de sus procedimientos"[35]. Entendido así, un sistema de democracia pluralista dificulta la identificación de un Poder constituyente del que sea predicable la capacidad de creación de un sistema jurídico, de la misma manera que dificulta también que una Constitución cumpla su función de vértice normativo. No obstante, el discurso constitucionalista seguiría vigente desde el momento en que existirían intereses y principios comunes y concurrirían determinadas condiciones materiales y políticas[36]. En todo caso, una propuesta como la de MASSIMO LA TORRE supone una reformulación de la relación entre el Derecho y el Poder, que está tras el constitucionalismo. En realidad –afirma el profesor italiano– la perspectiva pluralista permite identificar el Ordenamiento europeo como un Ordenamiento constitucional ya que éste no implicaría la presencia necesaria de un Poder constituyente. La estrategia consiste en reivindicar determinados elementos de la tradición republicana, vinculados a la existencia de un orden político autónomo y plural

---

[35] Ibíd., p. 86.
[36] Ibíd., p. 88.

frente a la uniformidad soberana estatal, que se ve sustituida por una red decisional generada a partir de la operatividad de instancias de Poder plurales.

En todo caso, el propio LA TORRE admite que la Constitución europea no sería una auténtica Constitución (de acuerdo con una concepción constitucionalista "clásica") ya que, entre otras cosas, nos encontramos con dificultades a la hora de identificar un auténtico Poder constituyente. A partir de lo anterior, nos podemos encontrar con la dificultad de analizar el proceso de constitucionalización europeo de acuerdo con un "esquema estándar" constitucionalista, ya que existe una instancia, los Estados, que constantemente formulan reivindicaciones de su soberanía. De alguna manera, las células que forman esa red decisional reproducen estrategias predicables de la relación entre el Derecho y el Poder. Estamos, en este sentido, ante un proceso que desde el punto de vista teórico está encaminado a diluir el concepto de soberanía (desde el momento en que es difícil compatibilizar las exigencias del constitucionalismo con la existencia de una autoridad soberana) y protagonizado al mismo tiempo por sujetos insertos en una dinámica en la que se reservan dominios de soberanía. Recordemos que en el ya citado artículo I-1 del Proyecto se equipara la voluntad de los Estados a la de los ciudadanos a la hora de identificar la "voluntad de Constitución" en el contexto europeo. Parece evidente entonces que a partir de lo anterior surge la cuestión, especialmente grave en un sistema democrático liberal, de la identificación de la voluntad del Estado de manera independiente con respecto a la de los ciudadanos, de la relación entre ambas voluntades, de la posibilidad de autonomía de la voluntad del Estado con respecto a la de los ciudadanos.

4. La posición de los derechos

Si bien la vinculación entre la Constitución y el carácter democrático y participado de su proceso de formación es un requisito de la "homologación" de aquella dentro de las coordenadas del constitucionalismo, también es cierto que cualquier propuesta constitucional es interpretable y analizable en función de los derechos integrados en ella. En la articulación de un contexto democrático en el que puede tener sentido una Constitución, parece imprescindible atender a los contenidos materiales o sustanciales de la Constitución. Es precisamente en esos contenidos en donde se concentra la función de justicia desarrollada por la Constitución. Y la Declaración de Derechos constituye el auténtico epicentro al respecto.

Qué duda cabe de que el análisis crítico sobre el carácter auténticamente constitucional del producto normativo de la Convención condiciona la ulterior reflexión sobre la Carta de Derechos y su significado. La conexión conceptual entre la idea de Constitución y los derechos podría llevar incluso a la conclusión, grave en sus consecuencias, de que si no hay una auténtica Constitución, entonces es difícil hablar de derechos y de su ulterior garantía y protección. Sin arribar necesariamente a esa conclusión, JOSEPH H. H. WEILER se ha llegado a preguntar por la auténtica necesidad de una Carta de Derechos como la que tenemos ante nosotros, en un contexto en el que ella parecería justificarse por la intención de contrarrestar el tenor manifiesta y predominantemente económico que ha caracterizado hasta el momento el proceso de integración y que explicaría la "ausencia de una política de derechos humanos" efectiva[37]. En

---

[37] Cfr. J. H. H. WEILER. "Human Rights, constitutionalism and integration.

este sentido, es sintomático de lo anterior la específica alusión que en el Preámbulo de la Carta se efectúa a la libre circulación de personas, bienes, servicios y capitales, y a la libertad de establecimiento, alusión que no se ve acompañada por una referencia directa a ningún otro derecho o libertad. En cierta manera, la presencia de estas libertades en un lugar como el Preámbulo recuerda a la posición que en el artículo 17 de la Declaración de Derechos de 1789 ocupaba el derecho de propiedad, posición definida por los adjetivos de "sagrada e inviolable" que la acompañaban.

La Declaración de Derechos es expresión directa del punto de vista sobre la justicia que asume el Ordenamiento de la Unión. Si la Constitución es la gran herramienta del constitucionalismo, podemos afirmar que las grandes piezas de la Constitución a la hora de desarrollar su función limitativa son los derechos. Es cierto que esa función limitativa no es desarrollada de manera exclusiva por los derechos. Lo es también por otras instituciones u otros principios (pensemos por ejemplo en los componentes de la moral interna señalada por FULLER, en los principios de organización del Poder a los que se ha referido entre nosotros PECES-BARBA). Además, son los derechos, la Declaración, el *Bill of Rights*, lo que diferencia a la Constitución del constitucionalismo de otros tipos de Constitución. De la misma manera que la presencia de derechos es uno de los elementos que sustantiviza al Estado de Derecho frente a otros tipos de Estado, la Constitución del constitucionalismo, contingente, es la Constitución de los derechos. En efecto, la dimensión caracte-

---

Iconography and fetishism", en ERIKSEN, FOSSUM y MENÉNDEZ. *Developing a Constitution for Europe*, cit., pp. 63 a 66.

rística, que lo dota de sustantividad, al Estado de Derecho –del que el Estado constitucional se presenta como manifestación específica–, es la constituida por los derechos; y más en concreto es la dimensión limitadora que se aplica al Poder desde el punto de vista sustancial, no desde el punto de vista formal, ya que el imperio de la ley/principio de legalidad es necesario para que el Derecho se distinga de la arbitrariedad. Es, en definitiva, la limitación del Poder a través de normas de derechos lo que caracteriza al Estado constitucional respecto de otros Estados. En este sentido, la presencia de normas iusfundamentales caracteriza el concepto de Constitución que se emplea.

Por otra parte, el proceso de constitucionalización europea difícilmente puede ser observado como un caso del proceso de internacionalización de los derechos[38]. Ambos procesos responden a lógicas diferentes. El proceso de internacionalización supone la creación de mecanismos supranacionales de protección y reconocimiento de derechos como consecuencia, entre otras cosas, de 1. La necesidad de controlar la acción del Estado con respecto a los derechos, y 2. La necesidad de una acción conjunta de los Estados para proteger los derechos. El proceso de internaciona-lización es, en todo caso, un proceso inspirado por la universalidad y la indivisibilidad de los derechos –entendidos como ideas regulativas–, con claras consecuencias en lo que se refiere a la superación de las implicaciones de la idea de ciudadanía entendida como concepto excluyente en cuanto a la titularidad y ejercicio de derechos se refiere. Por su parte, el proceso de constitucionalización europea no está guiado por la lógica

---

[38] Cfr. G. PECES-BARBA et ál. *Curso de derechos fundamentales. Teoría general*, Universidad Carlos III de Madrid y BOE, 1999, pp. 173 y ss.

de la universalidad de los derechos. Dicho proceso no se identifica con la creación de estructuras supranacionales a través de las cuales superar los "déficits estatales" en relación con los derechos. En este caso, el reconocimiento de derechos es una exigencia de la construcción de una realidad política superior derivada de tratados económicos que han contribuido a articular una comunidad que ha pervivido durante medio siglo sin reconocimiento explícito de derechos (con remisiones al Convenio Europeo y a las tradiciones compartidas entre los diferentes países), lo cual ha generado una puesta en entredicho de la legitimidad política de la construcción europea[39].

En todo caso, lo cierto es que la Carta posee un importante potencial constitucionalizador y puede contribuir a llevar a cabo una profundización en el carácter constitucional de la Unión Europea. Puede contribuir a salvar el déficit de Constitución de la Unión Europea y desempeña un papel importante en la constitucionalización de la Unión[40].

Cuando hablamos de la constitucionalización de Europa no estamos haciendo referencia a la adopción de una Constitución en sentido formal, sino a la adopción de un determinado modelo normativo de Constitución, que es precisamente el propuesto por el constitucionalismo. En este sentido, es oportuno recordar que se han señalado diversas concepciones de la Consti-

---

[39] Cfr. WEILER. *La Costituzione dell'Europa*, cit., pp. 214 y 633.
[40] Cfr. ENGEL. "The European Charter of Fundamental Rights. A Changed Political Opportunity Structure ad its Normative Consequences", *European Law Journal*, vol. 7, n.º 2, 2001, pp. 151 y ss. También, A. J. MENÉNDEZ. "Chartering Europe", en E. O. ERIKSEN, J. E. FOSSUM y A. J. MENÉNDEZ (eds.). *The Chartering of Europe. The Charter of Fundamental Rights in Context*, ARENA Report, 8/2001, Oslo, 2001, pp. 1 y ss.

tución. Agustín Menéndez ha aludido a tres: la formal, la material y la normativa[41]. En el primer caso –concepción formal– se hace referencia al conjunto de normas incluidas en un documento, que es considerado como "la Constitución" en la práctica social. Por su parte, la concepción material alude a las normas de interacción social consideradas básicas de acuerdo con una *"social practice"*; las normas básicas de un orden jurídico de una determinada sociedad de acuerdo con la práctica social de los operadores jurídicos de esa comunidad. En tercer lugar, la concepción normativa se refiere a la Constitución compuesta por normas que presentan determinadas propiedades normativamente relevantes[42]: el ejemplo es el del artículo 16 de la Declaración de Derechos del Hombre y del Ciudadano

---

[41] Cfr. Menéndez. "Three Conceptions of the European Constitution", en Eriksen, Fossum y Menéndez. *Developing a Constitution for Europe*, cit., pp. 109 y ss.

[42] Cabe señalar que la concepción normativa de la Constitución a la que alude Menéndez no coincide con la "Constitución normativa" estudiada por Loewenstein a la hora de proponer una clasificación ontológica de las constituciones (Cfr. *Teoría de la Constitución*, A. Gallego Anabitarte [trad.], Barcelona, Ariel, 1986, pp. 216 y ss.). La Constitución normativa a la que se refiere Loewenstein es aquella "efectivamente 'vivida' por destinatarios y detentadores del poder, necesitando un ambiente nacional favorable para su realización [...] Para que una constitución sea viva, no es suficiente que sea válida en sentido jurídico. Para ser real y efectiva, la constitución tendrá que ser observada lealmente por todos los interesados y tendrá que estar integrada en la sociedad estatal, y ésta en ella. La constitución y la comunidad habrán tenido que pasar por una simbiosis. Solamente en este caso cabe hablar de una constitución normativa: sus normas dominan el proceso político o, a la inversa, el proceso del poder se adapta a las normas de la constitución y se somete a ellas" (p. 217). En este sentido, la Constitución normativa en el sentido que le atribuye Loewenstein tendría más relación con la concepción material de la Constitución a la que alude Menéndez.

de 1789. Pues bien, la Carta de Derechos fundamentales constituye un elemento básico a la hora de acercar el Proyecto de Constitución al modelo normativo de Constitución del constitucionalismo, cuyo elemento central está integrado por una determinada concepción de la dignidad y de los derechos como centro de la arquitectura política. Sólo desde el momento en que se pueda afirmar la centralidad de estos elementos, la Unión Europea podrá pasar de ser considerada de manera exclusiva una comunidad jurídica de Estados (debido al sentido económico de la integración), a una comunidad constitucional de ciudadanos.

Creo que el potencial constitucionalizador de la Carta se puede desplegar en diferentes sentidos o direcciones. La Carta es expresión principal de la dimensión sustancial del Proyecto de Constitución. El concepto de Constitución que maneja el constitucionalismo exige la presencia de una determinada propuesta en relación con los derechos, una propuesta a través de la cual, en primer lugar, se va a expresar el punto de vista sobre la justicia que asume y comparte la Constitución. Además, la Carta lleva a cabo una función de integración, tanto más esencial en un contexto de diversidad ideológica y cultural, de cuya existencia y valor se es consciente en el Preámbulo. Se podría afirmar, así, que la Carta es uno de los instrumentos principales a través de los cuales se articula la respuesta europea al multiculturalismo, desde el momento en que va a identificar unos elementos mínimos e innegociables, pero al mismo tiempo lo suficientemente amplios como para ser susceptibles de ser asumidos por los diferentes puntos de vista. A estas alturas un instrumento de reconocimiento y garantía de derechos, como el constituido por la Carta, en el marco de un proceso de integración jurídica y política al más alto nivel, esto es, a nivel constitucional, como es el que está acaeciendo en Europa, está llamado a constituir el núcleo de una determinada opción ética que en realidad es la de la Constitución y la de la Unión Europea. Dicha opción es especialmente significativa desde el momento en que, como ya se ha señalado anteriormente, Europa es cada vez más plural y más compleja, no sólo desde el punto de vista cuantitativo, sino también desde el punto de vista cualitativo. Las sucesivas ampliaciones obligan a redoblar los esfuerzos a la hora de identificar argumentos morales comunes y compartidos, argumentos que deben expresarse a través de la concepción que en relación con los derechos asuma la Constitución. Junto a lo anterior, hay que observar que en la actualidad, en un contexto multicultural, es especialmente necesaria una concepción de los derechos dotada de un carácter dinámico y abierto capaz de adecuarse a las nuevas situaciones derivadas de la geografía humana y política en la que hoy estamos llamados a desenvolvernos. Y Europa, en la que la presión de los flujos migratorios es, y será, particularmente relevante, está llamada a llevar a cabo un esfuerzo notable al respecto.

Podemos constatar que estamos frente a una de las tensiones en las que participa la Constitución en las democracias constitucionales. Una de ellas es la que se produce entre las exigencias de la Constitución, de un lado, y las de la democracia, de otro. Pero aquella a la que nos estamos refiriendo en este momento es la que se produce entre la existencia de ámbitos de lo innegociable (posiblemente consustanciales a la misma idea de derechos –básicamente desde el punto de vista moral–) y la necesidad de que lo innegociable sea asumido como tal por los diferentes planteamientos que concurren en las democracias plurales y complejas.

Pero, además, el tenor de la recepción constitucional de los derechos es un auténtico criterio a la hora de calibrar ante qué tipo de constitucionalismo nos encontramos. Evidentemente, no se contempla aquí la posibilidad de un constitucionalismo sin derechos. Lo que se pretende significar es que los derechos son elementos imprescindibles a la hora de generar una mayor o menor capacidad limitadora por parte de la Constitución. Es esa dimensión más o menos limitadora la que nos va a permitir identificar un constitucionalismo débil o fuerte, en función del grosor, intensidad, ámbito de los mecanismos limitativos del Poder.

El análisis del contenido de la Carta permite, por tanto, identificar el tipo de constitucionalismo que propone la Carta. La dimensión limitativa llevada a cabo a través de la constitucionalización de los derechos permite diversas posibilidades de análisis. No es éste el lugar para entrar en un análisis concreto y pormenorizado del contenido de la Carta[43]. Por el contrario,

---

[43] Entre la muy amplia bibliografía que existe al respecto, pueden consultarse algunos trabajos publicados en España: A. E. PÉREZ LUÑO. "La Carta de Niza y la Europa de los ciudadanos. Apostillas a la Carta de los Derechos Fundamentales de la Unión Europea", *Derechos y Libertades*, 11, 2002, pp. 45 y ss.; R. GARCÍA MANRIQUE. "Los derechos de la Carta Europea de Derechos", *Derechos y Libertades*, 11, 2002, pp. 373 y ss.; A. FERNÁNDEZ TOMÁS. *La Carta de Derechos Fundamentales de la Unión Europea*, Valencia, Tirant lo Blanch, 2001; A. LÓPEZ CASTILLO. "Algunas consideraciones sumarias en torno a la Carta de Derechos Fundamentales de la UE", *Revista de Estudios Políticos*, 113, 2001, pp. 43 y ss.; A. WEBER. "La Carta de los derechos fundamentales de la Unión Europea", *Revista Española de Derecho Constitucional*, 64, 2002, pp. 79 y ss.; F. RUBIO LLORENTE. "Mostrar los derechos sin destruir la Unión (Consideraciones sobre la Carta de Derechos Fundamentales de la Unión Europea)", *Revista Española de Derecho Constitucional*, 64, 2002, pp. 13 y ss.;

me limitaré a señalar determinadas dimensiones a partir de las cuales es posible identificar la mayor o menor potencia limitadora de la Carta.

En este sentido, la plasmación de los derechos en la Carta se caracteriza, en primer lugar, por las remisiones al Convenio Europeo para la Protección de los Derechos Humanos y de las Libertades Fundamentales de 1950 y a las legislaciones de los Estados. Así, en la Carta se opera una auténtica recepción del sistema europeo de derechos articulado en torno al Convenio de Roma y a la jurisprudencia del Tribunal Europeo de Derechos Humanos. Esta recepción ya se percibe cuando en la Parte I del Proyecto se eleva a los derechos que se incluyen en el Convenio a la categoría de principios generales: "Los derechos fundamentales que garantiza el Convenio Europeo para la Protección de los Derechos Humanos y de las Libertades Fundamentales y los que son fruto de las tradiciones constitucionales comunes a los Estados miembros forman parte del Derecho de la Unión como principios generales". Situados ya en la Carta se produce una reafirmación de los derechos de la Convención en su Preámbulo. Por otra parte, en el artículo II-112.3 se señala que el sentido y alcance de aquellos derechos que estén garantizados también por el Convenio será igual al conferido por

---

B. OLIVER LEÓN. "La Carta de los derechos fundamentales de la Unión Europea en el debate constitucional europeo", *Revista de Estudios Políticos*, 119, 2003, pp. 221 y ss.; C. HERMIDA DEL LLANO. "Aportaciones filosófico-jurídicas de la Carta de Derechos Fundamentales de la UE", *Anuario de Filosofía del Derecho*, XIX, 2002, pp. 37 y ss.; P. CRUZ VILLALÓN. "La Carta o el convidado de piedra. (Una mirada a la Parte II del proyecto de Tratado/Constitución para Europa)", en ÍD. *La Constitución inédita. Estudios ante la constitucionalización de Europa*, cit., pp. 115 y ss.

dicho instrumento, con independencia de una más extensa protección por parte del Derecho de la Unión. De la misma manera, el nivel de protección ofrecido por el Convenio es uno de los criterios que contribuye a constituir el umbral mínimo que no puede ser superado en lo que a nivel de protección se refiere: "Ninguna de las disposiciones de la presente Carta podrá interpretarse como limitativa o lesiva de los derechos humanos y libertades fundamentales reconocidos, en su respectivo ámbito de aplicación, por el Derecho de la Unión, el Derecho internacional y los convenios internacionales de los que son parte la Unión o todos los Estados miembros, y en particular el Convenio Europeo para la Protección de los Derechos Humanos y de las Libertades Fundamentales, así como las constituciones de los Estados miembros".

También, como he señalado, existen diversas remisiones a las legislaciones nacionales, habiéndose señalado al respecto el peligro de "desconstitucionalización" de ciertos derechos[44]. Pensemos en el derecho a contraer matrimonio y a fundar una familia (art. II-69); a la objeción de conciencia (art. II-70.2); libertad de creación de centros docentes y derecho de los padres a garantizar la educación y la enseñanza de sus hijos de acuerdo con sus convicciones religiosas, filosóficas y pedagógicas (art. II-74.3); libertad de empresa (art. II-76); derecho a la información y consulta de los trabajadores en la empresa (art. II-87); derecho de negociación y acción colectiva (art. II-88); protección en caso de despido injustificado (art. II-90); acceso a prestaciones de seguridad social y ayudas sociales (art. II-94); derecho a la pre-

---

[44] Cfr. WEILER. *La Costituzione dell'Europa*, cit., pp. 635 y 636.

vención y protección sanitaria (art. II-95); acceso a los servicios de interés económico general (art. II-96).

En ocasiones, la capacidad limitadora de los derechos, está relacionada con determinadas propuestas con respecto a la posición constitucional de los derechos. En este punto existen al menos dos posibilidades teóricas al respecto. En primer lugar, se tienen sistemas constitucionales en los que todos los derechos y libertades positivizados están equiparados en lo que se refiere a su nivel de protección, a los mecanismos de garantías que los acompañan, al menos desde el punto de vista teórico. En segundo lugar, otros sistemas constitucionales confieren diferentes niveles de protección a los derechos en función de su posición constitucional, de la que depende su capacidad limitativa en relación con el Poder. Este es el caso del sistema español y del sistema de garantías derivado del artículo 53 de la Constitución española. Pues bien, en la Carta no existe una cláusula parecida al citado artículo 53. Es más, parece que estamos frente a una recepción homogénea de los derechos incluidos en el documento. No obstante, llama la atención la alusión que en el Preámbulo se hace a los "derechos, libertades y principios" enunciados en la Carta, sin que, en principio, de la sistemática de la Carta sea fácil extraer elementos que ayuden a diferenciarlos entre sí[45]. A lo que habría que añadir la alusión a las "políticas de la Unión", a las que se encomienda la garantía de un alto nivel de protección del (¿derecho al?) medio ambiente (art. II-97) y un alto nivel de protección de los consumidores (art. II-98).

---

[45] Cfr. CRUZ VILLALÓN. "La Carta o el convidado de piedra", cit., pp. 124 y 125.

Junto a lo anterior, conviene llamar la atención en relación con el sujeto destinatario de la capacidad limitativa desarrollada por los derechos en la Carta. Planteémoslo en términos de Poder público: ¿cuál es el Poder público obligado por el contenido de la Carta? La respuesta parecería sencilla: aquel que tuviera las competencias en relación con los derechos en cuestión. Pero encontramos que la identificación de ese Poder puede llegar a ser compleja dado que, en primer lugar, muchos de los ámbitos de competencias compartidas entre la Unión y los Estados miembros (art. I-14.2) afectan a derechos fundamentales (espacio de libertad, justicia y seguridad, política social, medio ambiente, protección de los consumidores, seguridad en materia de salud pública); y, en segundo lugar, en muchos de los derechos, como se ha observado, se efectúa una explícita remisión a las legislaciones nacionales y a sus respectivos niveles de protección. La cuestión de la identificación del Poder público obligado por los derechos es especialmente relevante en aquellos derechos en los que su efectividad exige de manera directa la puesta en marcha de técnicas prestacionales. Como sabemos, muchos de estos derechos son derechos económicos, sociales y culturales. Es en este punto en el que las estructuras del Estado social nacional no parecen tener una alternativa clara, con la suficiente capacidad como para ofrecer respuestas eficaces a las exigencias sociales. Posiblemente ello tenga mucho que ver con la inexistencia de una autoridad política definida y autónoma a nivel europeo que actúe como elemento del binomio fuerza-razón, cuya tensión caracteriza la lógica del constitucionalismo.

Cuando, en el contexto de la lógica del constitucionalismo, se alude a la capacidad limitadora de los derechos, no se está haciendo referencia solamente a su reconocimiento. Ciertamente, el mero reconocimiento constitucional de los derechos desempeña una función muy importante, desde el momento en que los derechos son auténticos criterios mediante los cuales medir la constitucionalidad de las normas y calibrar la legitimidad de la actuación de los poderes públicos. Pero la auténtica efectividad del reconocimiento está en función de que esté acompañado por un sistema de garantías articulado y que vincule al legislativo, al ejecutivo y al judicial. Sin ese sistema efectivo de garantías la capacidad limitadora se reduce y el constitucionalismo decrece en intensidad. Y la intensidad del constitucionalismo es un elemento que los ciudadanos tienen en cuenta a la hora de apreciar la legitimidad de una ambiciosa propuesta política, económica y social, sobre todo si ésta se presenta como constitucional.

CAPÍTULO SEXTO
LA DECLARACIÓN UNIVERSAL DE DERECHOS HUMANOS
Y LA ÉTICA PÚBLICA

1. Una perspectiva necesariamente específica

Cualquier análisis en el que se tengan presentes cuestiones referidas al concepto y a las funciones de los derechos fundamentales, debe ser muy consciente de que, como ya se ha señalado repetidas veces, los derechos constituyen una realidad pluridimensional. Con ello, se quiere indicar que la realidad constituida por los derechos es plural y compleja. Y esa complejidad implica al mismo tiempo una multiplicidad de perspectivas posibles desde las que situarse a la hora de estudiar dicha realidad. Con independencia de la posición doctrinal que se adopte en relación con los derechos una vez que nos hemos situado en la perspectiva jurídica, también es posible plantear un enfoque económico, político, histórico, etc., de los mismos. Siendo cierto que todos esos enfoques no son respectivamente independientes, también lo es que el jurista debe tener siempre bien presente la importancia del enfoque jurídico.

La posibilidad de perspectivas es tan amplia que en ocasiones puede dar la impresión de que los desacuerdos doctrinales en torno a los derechos están motivados precisamente porque no se ha establecido un acuerdo previo en relación con la dimensión sobre la que se está discutiendo. Por eso, posiblemente, muchas veces se discute porque en realidad no se es consciente de que se está hablando de cosas diferentes[1].

Por ello, y siendo mi intención en esta ocasión plantear de una manera abierta cuestiones e interrogantes que pueden suscitar una reflexión sobre la función y sentido de la Declaración Universal de Derechos Humanos de 1948, creo necesario establecer qué concepto de "derecho" voy a asumir y cuál es la perspectiva en la que me situaré. En relación con el concepto de "derechos", entiendo que éstos son instituciones jurídicas; son realidades institucionales que existen dentro de un determinado sistema jurídico. Sin normas de derechos fundamentales[2], esto es, sin normas válidas pertenecientes (en este caso) a un sistema jurídico, no podemos hablar de derechos fundamentales en el sentido estipulado aquí. Por tanto, si atendemos a la diferencia entre "derechos humanos" y "derechos fundamentales" propuesta por A. E. PÉREZ LUÑO, aquí nos referiríamos a lo que él entiende como "derechos fundamentales"[3]. El sentido de "derecho" al que nos acogemos supone una opción entre las diversas posibilidades semánticas del término y no una concepción esen-

---

[1] En este sentido, cabe plantearse hasta qué punto la discusión doctrinal, también presente en nuestro país, en torno a las virtualidades del término "derechos morales", ha podido ser, en algunas ocasiones, una disputa terminológica en el sentido de disputa sobre las posibilidades semánticas del empleo de un término ("derechos morales") para referirse a una determinada realidad, la de los derechos.

[2] Cfr. R. ALEXY. *Teoría de los derechos fundamentales*, E. GARZÓN VALDÉS (trad.), R. ZIMMERLING (revisión), Madrid, Centro de Estudios Constitucionales, 1993, pp. 47 y 48.

[3] Cfr. A. E. PÉREZ LUÑO. *Derechos humanos, Estado de Derecho, Constitución*, 5.ª ed., Madrid, Tecnos, 1995, pp. 29 y ss.; también, *La universalidad de los derechos humanos*, en prensa.

cialista o sustancialista del lenguaje. En lo que se refiere a la perspectiva, asumiré la que caracteriza a la filosofía del Derecho, que es crítica y que tiene bien presente la distinción entre el ser y el deber ser jurídico. Se podrá comprender así que, posiblemente, las conclusiones a las que se pueda llegar aquí podrán ser diferentes de aquellas a las que se arribe desde la óptica del Derecho internacional o incluso del Derecho constitucional.

2. *El tiempo de los derechos*

Qué duda cabe que NORBERTO BOBBIO tiene razón cuando afirma que vivimos en el tiempo de los derechos. En efecto, el siglo que nos ha tocado vivir puede ser caracterizado en clave de derechos. Es HÉCTOR GROS ESPIELL el que ha señalado que "en verdad en la historia de la humanidad es difícil encontrar un período de tiempo en el que el tema de los derechos del hombre haya tenido, como en el lapso que va desde 1945 hasta hoy, una mayor y más general significación teórica y práctica"[4]. Y es que los derechos pueden ser los instrumentos a partir de los cuales podemos explicar el sentido y contenido de muchas de las evoluciones y transformaciones acaecidas a lo largo del siglo XX. Las grandes transformaciones sociales, económicas y políticas están íntimamente relacionadas con dimensiones de los derechos; pero también, los avances y progresos científicos les afectan irremediablemente. Es el nuestro un tiempo en el que se han producido posiblemente los avances más importantes en lo que se refiere al reconocimiento o declara-

---

[4] H. GROS ESPIELL. "Los problemas actuales de los derechos humanos", en ÍD. *Estudios sobre derechos humanos* II, Madrid, Civitas, 1988, p. 286.

ción, a la protección y garantía de los derechos, pero a la vez es una época en la que hemos podido ser testigos de atroces atentados y violaciones de derechos. Esta situación de cierta esquizofrenia de la que se puede acusar al género humano en relación con los derechos puede servir para caracterizar al siglo XX. Por eso, se ha afirmado que, en el cincuentenario de la Declaración, "no hay motivos para la celebración; demasiadas personas en demasiadas partes del mundo siguen viviendo en condiciones en las que la Declaración sólo es la promesa de una vida mejor"[5].

3. *La Declaración Universal de Derechos Humanos como punto de referencia*

En el escenario del siglo XX, la Declaración Universal ocupa un papel protagonista y constituye un auténtico punto de referencia. Y ello por varios motivos.

En primer lugar, es un elemento clave en el denominado proceso de internacionalización de los derechos humanos. Es conocida la identificación, propuesta en un principio por PECES-BARBA y posteriormente completada por BOBBIO, de cuatro procesos a través de los cuales se ha desarrollado la "peripecia histórica" de los derechos: positivación, generalización, internacionalización y especificación. Aunque éste no es el momento de desarrollar una explicación del sentido –ya conocido– y de las coordenadas socio-políticas e intelectuales en las que se producen estos

---

[5] X. PONS RAFOLS. "Vigencia y alcance de la Declaración Universal de Derechos Humanos a los cincuenta años de su adopción", *Jueces para la Democracia*, n.º 33, 1998, p. 79.

procesos, sí debemos apuntar aquí que, si bien es cierto que el proceso de internacionalización puede ser observado como una manifestación o prolongación del proceso de positivación (llamado a no culminar nunca), también lo es que tiene un sentido y significado propios. Se constituye en todo caso a través de la creación de una conciencia supranacional en relación con los derechos. A partir de ahí, la internacionalización tiene dos grandes vertientes: 1. La proclamación o declaración internacional de derechos, y 2. La articulación en el plano supranacional de específicos mecanismos de protección y garantía. Es claro que estas dos vertientes no van necesariamente vinculadas aunque, en todo caso, la primera es un presupuesto de la segunda y ésta es un requisito de la eficacia de la anterior. Pues bien, la Declaración constituye el gran monumento en el marco de este proceso. De todas maneras, creo que en este punto está justificado efectuar una observación previa. Aunque la internacionalización de los derechos supone una manifestación del proceso de positivación, no parece que la positivación a nivel internacional pueda explicarse y realizarse de acuerdo con esquemas idénticos a los de la positivación estatal. Ello es debido, entre otras cosas, a la diferente configuración de lo que podríamos denominar "el Poder político internacional", que es el que se ha de encargar de velar por la efectividad de las consecuencias de dicha internacionalización. Por eso tiene razón J. COLWILL al señalar que "positivizar los derechos humanos es un proceso complejo y con muchas facetas, que implica la traducción de pautas generalizadas en reglas específicas susceptibles de aplicación dentro de las exigencias de un sistema jurídico nacional. Los derechos universales más generalizados y abstractos, definidos en el nivel internacional, son los más difíciles de positivar en el nivel nacional. Correspondientemente, los más difíciles de positivar en el nivel nacional, son los que tienen los problemas más grandes de aplicación y ejecución"[6].

En segundo lugar, la Declaración constituye, en principio, el punto de acuerdo más general y amplio en relación con los derechos. Por lo menos, es el instrumento internacional relativo a los derechos que más adhesiones ha recibido y, aunque la práctica de los gobiernos muchas veces vaya en otra dirección, muy pocos –o me atrevería a decir que ninguno– se desvinculan expresa y explícitamente de ella. No obstante, y aunque ello pudiera tener un cierto efecto desalentador, en algunas ocasiones esas entusiastas exaltaciones no son sino expresión de lo que se ha venido en denominar "la retórica de los derechos", esto es, el contraste entre las declaraciones políticas, y puede que también jurídicas, en relación con los derechos y la práctica efectiva respecto a ellos. Desgraciadamente, en la comunidad internacional encontramos demasiados ejemplos de este uso insincero e hipócrita del discurso de los derechos.

En tercer lugar, y directamente relacionado con lo anterior, la Declaración se ha constituido como un punto de referencia en la crítica política y moral. Hoy constituye un auténtico criterio para medir la legitimidad de los gobiernos y de sus actuaciones respecto a los derechos. Posiblemente es el criterio "oficial" más extendido y compartido. En este sentido se ha afirmado con razón que en la actualidad la gran división entre los Estados se efectúa a partir de su actitud frente a los derechos: Estados respetuosos de los derechos o no[7].

---

[6] J. COLWILL. "Los derechos humanos, la protección de las minorías y el agotamiento del universalismo", *Anales de la Cátedra Francisco Suárez*, n.º 31, 1994, p. 217.
[7] Cfr. R. GARRETÓN. "Las Naciones Unidas y los derechos humanos en el actual

4. La Declaración es universal: consecuencias y problemas

La caracterización como universal de la Declaración tiene consecuencias muy importantes que afectan de lleno a aspectos básicos de la reflexión iusfilosófica sobre los derechos. Me estoy refiriendo al problema de su universalidad. Los derechos que aparecen incluidos en la Declaración serían universales, pero ¿en qué sentido se puede afirmar que, más allá de su denominación, el contenido de la Declaración es universal? ¿Qué significa esa universalidad? ¿Supone la descripción de una realidad o, por el contrario, la expresión de una aspiración? En definitiva, podríamos desembocar en la cuestión de si la universalidad es un rasgo de los derechos. Ciertamente, la noción de universalidad está asociada a los derechos. Con independencia de las conclusiones a las que se pueda llegar tras el análisis de la configuración técnico-jurídica de los mismos, estamos convencidos por nuestras intuiciones de que los derechos deben ser universales. Y esa es una idea a la que no queremos renunciar; y es bueno que no lo hagamos. Pero la realidad de los derechos podría indicarnos que –por ahora, en las condiciones actuales– no es posible hablar de universalidad, entendida como hecho. Parece que, para ello, todavía tenemos que asistir a la remoción de estructuras firmemente asentadas. Por tanto, lo que importa en el marco de estas reflexiones es señalar cuál es el sentido en el que la noción de universalidad de los derechos puede ser utilizada.

---

panorama mundial", en A. MARZAL (ed.). *Derechos humanos del incapaz, del extranjero, del delincuente y complejidad del sujeto*, Barcelona, Bosch y ESADE, 1997, p. 244.

Por otra parte, y siendo como es la Declaración un referente común, podríamos plantearnos si, al constituir un marco de actuación comúnmente compartido y admitido, desempeña en algún sentido un papel similar al desempeñado por la denominada "ética pública" en el Derecho interno.

Además, sabemos que en el sistema jurídico interno, el "subsistema" de los derechos ocupa un lugar preponderante y esencial, a partir entre otras cosas de su vinculación con los criterios básicos de identificación normativa[8]. Pues bien, si consideramos que la Declaración constituye el núcleo de la norma básica material en el plano internacional, podríamos preguntarnos qué carencias se observan en el sistema jurídico internacional, en relación con el interno, que motivan la situación de fragilidad en la que se encuentran en determinadas ocasiones los derechos en la esfera internacional.

El desarrollo de las líneas que siguen se articulará en torno a las anteriores ideas. Pero antes me gustaría aludir a algún extremo del pensamiento de Norberto Bobbio en relación con la Declaración Universal.

5. La Declaración y el "optimismo" de Bobbio

La universalidad de la Declaración puede tener varias lecturas, ya que se puede entender que, al afirmar dicha universalidad, se puede estar haciendo referencia al fundamento de

---

[8] Cfr. G. Peces-Barba et ál. *Curso de derechos fundamentales. Teoría general*, Madrid, Universidad Carlos III de Madrid y Boletín Oficial del Estado, 1995, pp. 357 y ss. También, F. J. Ansuátegui Roig. *Poder, Ordenamiento jurídico, derechos*, Madrid, Universidad Carlos III de Madrid y Dykinson, 1997, pp. 35 y ss.

los derechos o a los derechos mismos; se puede estar afirmando que detrás de la Declaración existe un fundamento unánimemente aceptado y también que los derechos son universales. En relación con esta segunda posibilidad volveré posteriormente, pero en este momento me centraré en la primera.

Sabido es que los estudiosos de la obra de Norberto Bobbio conocen su carácter en ocasiones pesimista y la disputa a la que se confiesa sometido entre "el pesimismo de la razón y el optimismo de la voluntad"[9]. Conocida es también la posición de Bobbio en relación con la Declaración Universal y el problema de la fundamentación de los derechos. Pues bien, este es uno de los puntos del pensamiento de Bobbio en donde podríamos reconocer que el pesimismo se convierte en optimismo.

En efecto, Norberto Bobbio afirma que, con la Declaración Universal, la cuestión del fundamento de los derechos está resuelta: está resuelta por la propia Declaración que "representa la manifestación de la única prueba por la que un sistema de valores puede ser considerado humanamente fundado y, por tanto, reconocido: esta prueba es el consenso general acerca de su validez"[10]. Para Bobbio la Declaración Universal es expresión de –y está apoyada en– un fundamento consensual e históri-

---

[9] Cfr. al respecto, por ejemplo, N. Bobbio. "Epílogo para españoles", en A. Llamas (ed.). *La figura y el pensamiento de Norberto Bobbio*, Universidad Carlos III de Madrid y BOE, 1994, p. 318. Puede consultarse el comentario de A. Ruiz Miguel, en "Bobbio: las paradojas de un pensamiento en tensión", en A. Llamas (ed.). *La figura y el pensamiento de Norberto Bobbio*, cit., pp. 56 a 58; anteriormente, "Filosofía de la historia e historia de la filosofía en Norberto Bobbio", estudio preliminar a N. Bobbio. *Estudios de historia de la filosofía. De Hobbes a Gramsci*, J. C. Bayón (trad.), Madrid, Debate, 1991, pp. 41 y 42.

[10] N. Bobbio. "Presente y porvenir de los derechos humanos", en íd. *El tiempo de los derechos*, R. de Asís (trad.), Madrid, Sistema, 1991, p. 64.

co de los derechos. Frente al recurso a verdades evidentes en sí mismas o a la misma idea de naturaleza humana, la Declaración sería expresión de un acuerdo universal y básico en torno a un determinado sistema de valores. El propio BOBBIO lo señala explícitamente: "No sé –dice– si nos damos cuenta de hasta qué punto la Declaración Universal representa un hecho nuevo en la historia en cuanto que por vez primera en la historia un sistema de principios fundamentales de la conducta humana ha sido libre y expresamente aceptado, a través de sus gobiernos respectivos, por la mayor parte de los hombres que habitan la tierra"[11]. En efecto, la Declaración sería la auténtica expresión de un sistema universal de valores en torno al cual hay un efectivo acuerdo de hecho: "Sólo después de la Declaración podemos tener la certidumbre histórica de que la humanidad, toda la humanidad, comparte algunos valores comunes y podemos creer finalmente en la universalidad de los valores en el único sentido en que tal creencia es históricamente legítima, es decir, en el sentido en que universal significa no dado objetivamente, sino subjetivamente acogido por el universo de los hombres"[12].

A partir de ahí, y en esto reside –en mi opinión– el señalado optimismo de BOBBIO, ya no es preciso preocuparse por la fundamentación de los derechos, ya que en la Declaración están identificados los valores a partir de los cuales se construye ese fundamento: "después de esta Declaración el problema de los fundamentos ha perdido gran parte de su interés"[13]. Además,

---

[11] Ibíd., p. 66.
[12] Ibíd.
[13] BOBBIO. "Sobre el fundamento de los derechos del hombre", en ÍD. *El tiempo de los derechos*, cit., p. 61. En opinión de G. PECES-BARBA, BOBBIO defiende aquí un reduccionismo positivista impropio, que "no supone una justi-

como el consenso en torno a la Declaración es generalizado, podríamos decir universal –y el consenso en torno a la Declaración, soluciona el problema de la fundamentación, según BOBBIO– podemos concluir que la fundamentación es universal. Y, evidentemente, a partir de una fundamentación universal se pueden derivar derechos universales, que serían los que están incluidos en la Declaración. En este sentido, la Declaración constituiría –así lo señala BOBBIO–, la culminación de un proceso en el que podríamos identificar tres etapas. El iusnaturalismo racionalista comenzó afirmando la existencia de derechos naturales universales; la positivación de los derechos supuso su transformación en derechos positivos particulares; por último, la Declaración los convierte en derechos positivos universales.

De ser cierto lo anterior, habría que reconocer que BOBBIO tiene razones para ser optimista. Si dejamos solucionado el problema del fundamento de los derechos, nos habremos quitado un buen peso de encima. Ahora la tarea consistiría en encargarse de proteger y garantizar de la manera más eficaz posible esos derechos unánimemente aceptados por todos: "El problema que se nos presenta, en efecto, no es filosófico, sino jurídico y, en sentido más amplio, político. No se trata tanto de saber cuáles y cuántos son estos derechos, cuál es su naturaleza y su fundamento, si son derechos naturales o históricos, absolutos o relativos, sino cuál es el modo más seguro para garantizarlos, para impedir

---

ficación de la falta de relevancia de la moralidad para fundamentar y construir el concepto de derechos humanos, sino sólo una falta de interés para abordar ese tema y una dedicación a aspectos prácticos y técnicos, de fuentes o de garantías o [...] una creencia en la imposibilidad de ese fundamento": *Curso de derechos fundamentales*, cit., pp. 53 y ss.

que, a pesar de las declaraciones solemnes, sean continuamente violados"[14].

No obstante lo anterior, la cuestión que se plantea es la de saber si BOBBIO tiene auténticas y buenas razones para ser optimista, la de saber si su optimismo está justificado. Evidentemente, ello supone plantearse el tema de la universalidad de los derechos y, vinculado a ello, la posibilidad de un fundamento universal. Pero antes de entrar, aunque sea de manera sumaria, en esa cuestión, conviene subrayar algún aspecto de la posición de BOBBIO.

BOBBIO defiende la universalidad del consenso generado alrededor de la Declaración, pero al mismo tiempo defiende el fundamento histórico de los derechos. En realidad, la historicidad no es un rasgo exclusivo del fundamento de los derechos, sino también del concepto mismo de derechos. El de derechos es un concepto histórico que surge en un determinado contexto, adquiere sentido en unas circunstancias concretas y evoluciona con la historia[15]. La cuestión que aparece es la de saber si puede exis-

---

[14] BOBBIO. "Presente y porvenir de los derechos humanos", cit., p. 64. En el mismo sentido, ÍD. "Sobre el fundamento de los derechos del hombre", cit., p. 61.
[15] Por eso, creo que puede plantear problemas una comprensión de los derechos como la que propone LUIGI FERRAJOLI en un trabajo reciente (cfr. "Diritti fondamentali", *Teoria politica*, anno XIV, n.º 2/1998). En efecto, FERRAJOLI señala que son derechos fundamentales "todos aquellos derechos subjetivos que corresponden universalmente a 'todos' los seres humanos en cuanto dotados del status de persona, o de ciudadanos o de personas capaces de actuar" (p. 3). No entraré en el análisis concreto de la definición misma, sino que me interesa más referirme a algún rasgo que, en opinión del propio FERRAJOLI, caracteriza la definición. FERRAJOLI señala que la anterior es una definición formal o estructural "en el sentido de que prescinde de la naturaleza de los intereses y de las necesidades tuteladas con su reconocimiento como derechos fundamentales, y se basa únicamente en el carácter universal de

tir contradicción entre la fundamentación histórica de los derechos y la universalidad, no sólo del consenso generado en torno a la Declaración, sino de los propios derechos. El carácter his-

---

su imputación" (p. 4); además, esa definición "es válida para cualquier ordenamiento [...] En cuanto es independiente de los bienes, valores o de las necesidades sustanciales que son tuteladas por los derechos, es además ideológicamente neutral. Por ello es válida cualquiera que sea la filosofía jurídica o política compartida: iuspositivista o iusnaturalista, liberal o socialista, e incluso iliberal y antidemocrática" (ibíd.). En mi opinión, el problema que plantea la propuesta de FERRAJOLI consiste en restar importancia a las implicaciones derivadas del carácter histórico de los derechos. Dicho carácter vincula directamente a los derechos con determinadas circunstancias históricas y con determinados valores y principios, componentes axiológicos en definitiva. Por ello, los derechos no se pueden entender con independencia de esos elementos. Es cierto que, en el interior de un Ordenamiento, los derechos se caracterizan a partir de la presencia de determinados rasgos formales, que bien pueden estar constituidos por específicos mecanismos de garantía o por el hecho de ocupar una determinada posición en el marco del sistema. Pero esos derechos son incomprensibles sin la referencia a determinados componentes axiológicos a partir de los cuales se configura el fundamento de los derechos. La vinculación entre los derechos y esos valores niega la afirmación de que es posible una definición de los derechos axiológicamente neutral, si con ello se quiere decir que es posible una definición de los mismos no condicionada en sentido alguno por la presencia de esos componentes valorativos. Por ello es difícilmente imaginable la compatibilidad –señalada por FERRAJOLI– entre una filosofía anti-democrática y los derechos, desde el momento en que esa filosofía no asume esos valores. En este sentido, creo que tiene razón la crítica que ERMANNO VITALE dirige a FERRAJOLI cuando señala que "para pensar el objeto jurídico 'derecho fundamental' [...] es necesario al menos concebir al individuo o a la persona. Y no todas las filosofías, y en consecuencia no todas las filosofías políticas, reconocen al individuo como ontológicamente, metodológica-mente y axiológicamente fundamentador": "Teoria generale del diritto o fondazione dell'ottima repubblica? Cinque dubbi sulla teoria dei diritti fondamentali di Luigi Ferrajoli", *Teoria politica*, anno XIV, n.º 2/1998, p. 45.

tórico de los derechos supone que el propio concepto y los contenidos de los derechos están abiertos a la evolución y a la transformación, y por lo tanto introduce un componente de relatividad en los mismos. Se supone que ese consenso universal lo es en torno a unos determinados contenidos. ¿El consenso se mantiene con independencia de la transformación de los contenidos? ¿La existencia del consenso universal implicaría unas ciertas exigencias de perdurabilidad (inmutabilidad) en los contenidos de los derechos incompatibles con el carácter histórico de los mismos? Si el consenso se produce en un determinado momento histórico y en unas determinadas circunstancias –recordemos que el acuerdo en torno a la Declaración no es hipotético sino real y fáctico–, ¿la variación de esas circunstancias implicaría la invalidez del consenso alcanzado y la necesidad de su renovación?

Por otra parte, el consenso afecta a la nómina de los derechos incluidos en la Declaración, no sabemos si a su contenido. Pero en todo caso no se predica de los mecanismos de garantía y de implementación de los derechos. En este orden de cosas, se suele afirmar que hay que respetar las peculiaridades regionales o más o menos locales. Es cierto que determinados mecanismos de protección que pueden ser viables en determinados entornos no lo son en otros, entre otras cosas porque las relaciones entre Poder público e individuos no tienen las mismas características en todas las partes del mundo, de la misma manera que tampoco las respectivas estructuraciones sociales son similares. Por lo tanto, en lo que se refiere a las garantías de los derechos, la nota de universalidad se rebaja o pierde intensidad. Esto tiene consecuencias importantes. Para asegurar la efectividad de los derechos no sólo es suficiente con proceder a su declaración o reconocimiento en diversos instrumentos o textos jurídicos. Es imprescindible proceder a la configuración de específicos mecanismos de garantía. Sólo así se puede conseguir la vigencia de los derechos. En relación con la Declaración, sus contenidos serán efectivos si no se produce un desfase entre la predicada universalidad de los derechos incluidos en ella y la existencia de mecanismos de protección, que en muchas ocasiones pueden estar construidos de acuerdo con, o depender de, peculiaridades y localismos.

Y una última referencia a Bobbio. Éste podría parecer contradictorio consigo mismo cuando afirma: "Descendiendo del plano ideal al real, una cosa es historia de los derechos del hombre, de derechos siempre nuevos y siempre más extensos, y justificarlos con argumentos persuasivos, y otra es asegurarles una protección efectiva. A este propósito será bueno hacer también esta observación: a medida que las pretensiones aumentan, su satisfacción resulta siempre más difícil"[16]. Pero de la misma manera que la protección efectiva puede resultar cada vez más complicada, también es cierto que la aparición de ciertas y nuevas pretensiones requiere un mayor esfuerzo de fundamentación para que se conviertan en merecedoras de la protección específica que acompaña a las normas iusfundamentales. Por ejemplo, observemos lo que ocurre con los denominados "nuevos derechos", como por ejemplo los derechos al medio ambiente, al desarrollo, los derechos de las generaciones futuras. Es evidente que tras esos derechos se encuentran pretensiones que bien pueden ser observadas como el resultado de un cierto progreso moral de la humanidad, en el seno de la cual se establecen nuevas necesidades. Pero también lo es que la capacidad de esas ne-

---

[16] Bobbio. "El tiempo de los derechos", en ÍD. *El tiempo de los derechos*, cit., p. 111.

cesidades y de esas pretensiones morales para incluirse en los Ordenamientos necesita de un importante y renovado esfuerzo fundamentador y argumentativo. Podemos preguntarnos si estas nuevas necesidades y pretensiones morales necesitan un esfuerzo fundamentador capaz de generar en torno a sí un nuevo consenso. Creo que Javier de Lucas ha señalado con acierto que, en realidad, no todas las exigencias que se presentan como susceptibles de ser protegidas a través del reconocimiento de derechos tienen la suficiente justificación para ello. Así, alude a dos razones: por una parte, "el lenguaje (la técnica) de los derechos no es universal: no es el único instrumento del que todas las culturas se valen para asegurar los bienes o valores que se consideran valiosos [...] hay culturas basadas en la primacía de los deberes hacia la comunidad, en las que la prioridad de los derechos no es una idea fácil de acomodar. Dicho de otro modo: *los derechos no son lo mismo que los bienes, intereses o valores que se trata de proteger acudiendo a ese instrumento que denominamos derechos*"; por otra, "por mucho que debamos respetar, comprender y juzgar desde los propios universos simbólicos, eso no nos obliga a aceptar como derecho cualquier demanda, y menos aún aquellas que carecen de argumentos para justificar semejante pretensión"[17]. La ausencia de dicho esfuerzo fundamentador puede motivar las precauciones en relación con los peligros de una supuesta "inflación" de los derechos[18]. Se afirma en este sentido que un aumento desmesurado en la nómina de los derechos redundaría

---

[17] De Lucas. "Para una discusión de la nota de universalidad de los derechos. A propósito de la crítica del relativismo ético y cultural", *Derechos y Libertades*, n.º 3, 1994, p. 307. Cursivas del autor.
[18] Cfr. Garretón. "Las Naciones Unidas y los derechos humanos en el actual panorama mundial", cit., pp. 231 y 240. Al respecto también, L. Ferrajoli.

indefectiblemente en una depreciación de su valor[19]. Creo que la opción que consiste en subrayar la dimensión funcional de los derechos puede evitar en buena medida esos temores y peligros. En efecto, los derechos serían expresión, y a la vez medios de satisfacción, de exigencias morales, y esas exigencias morales no son invariables. Por eso, tiene razón LUIS PRIETO cuando afirma que el temor a esa inflación de los derechos puede desembocar en un aislamiento y desconocimiento de nuevas realidades: "el disgusto que muestran los teóricos contemporáneos ante la heterogeneidad de ingredientes que a veces se integran bajo el concepto de derechos humanos, resulta muy comprensible y loable si se trata sólo de un llamamiento al rigor y a la racionalidad en orden a establecer qué exigencias morales ostenta el hombre frente a la comunidad, y cuáles son las más importantes. Pero es menos comprensible si se trata sólo de defender que las exigencias morales importantes siguen siendo hoy las mismas que en la segunda mitad del siglo XVIII, pues esto ya no es una necesidad teórica o conceptual, sino una toma de postura ideológica. Dicho de otro modo, o nos quedamos con el catálogo de derechos del liberalismo, pero entonces no venimos obligados a sostener que con él se agotan las exigencias morales frente a la comunidad y al Estado, o nos quedamos con la dimensión funcional, pero entonces no debe causar escán-

---

"Dai diritti del cittadino ai diritti della persona", en D. ZOLO (ed.). *La cittadinanza. Appartenenza, identità, diritti*, Roma, Laterza, 1994, p. 275.

[19] Así afirma F. J. LAPORTA que "cuanto más se multiplique la nómina de los derechos humanos menos fuerza tendrán como exigencia, y cuanto más fuerza moral o jurídica se les suponga más limitada ha de ser la lista de derechos que la justifiquen adecuadamente": "Sobre el concepto de derechos humanos", *Doxa*, n.º 4, 1987, p. 23.

dalo la ampliación o modificación de ese catálogo, siempre naturalmente que pueda apoyarse en algún fundamento racional"[20].

Creo que una determinada interpretación de la propuesta de BOBBIO podría llevar a la conclusión de un cierto desentendimiento entre fundamentación y garantías de los derechos: una vez que hay un consenso en torno a unos determinados contenidos, dediquémonos –se dice– a proteger esos contenidos abandonando la labor de preguntarnos sobre el sentido de ese consenso y los argumentos a favor o en contra de esos contenidos. En alguna ocasión se ha afirmado que la tesis según la cual los derechos humanos no son eficazmente respetados por no estar suficientemente fundamentados es "demasiado ingenua para ser explícitamente asumida por nadie"[21]. Yo no creo que las lagunas en la eficacia de los derechos se deban exclusivamente a su defectuosa fundamentación, pero sí estoy convencido de que una insuficiente fundamentación es un factor a tener en cuenta a la hora de preguntarnos por las causas de algunas situaciones de ineficacia o desconocimiento de los derechos. Se afirma que la Declaración es universal, que su fundamento radica en un consenso universal. Pero, por otra parte, los derechos humanos en el mundo tienen muy importantes problemas de eficacia. ¿No será, entre otras cosas, por un problema de fundamentación? El reconocimiento y garantía de los derechos supone un compromiso por parte de los Estados y también de

---

[20] L. PRIETO SANCHÍS. "Derechos fundamentales", en E. GARZÓN VALDÉS y F. J. LAPORTA (eds.). *El Derecho y la justicia,* Madrid, Trotta, CSIC y BOE, 1996, p. 503.
[21] J. GONZÁLEZ AMUCHASTEGUI. "Concepto de derechos humanos y problemas actuales", *Derechos y Libertades*, n. 1, 1993, p. 51.

los individuos. Los poderes públicos democráticos se vinculan a los derechos humanos porque aceptan la moralidad de la que éstos son expresión. Ello es porque esa moralidad ejerce una *vis* atractiva, supone un conjunto de buenas razones para someterse a su normatividad. En este sentido, el Poder democrático que se vincula a los derechos reconoce el valor y la validez del fundamento que se presenta tras los mismos. Un buen fundamento desempeña, junto al mayor o menor perfeccionamiento de los mecanismos jurídicos de garantía, un elemento en favor de la eficacia de los derechos. Por ello, cabría plantearse si los problemas de eficacia y de vigencia de los derechos en tantas partes del mundo responderían –no exclusivamente, claro está– a deficiencias en las tareas de fundamentación y argumentación en favor de los derechos. Es decir, los derechos se violan posiblemente no sólo por problemas de articulación jurídica o por la presencia de voluntades y condiciones sociales adversas, sino que puede que también por carencias en su fundamentación. Esto puede constituir una llamada de atención a aquellos a los que parece que les es más próximo el ámbito de la fundamentación, a los filósofos del Derecho y de la moral. Pero es una advertencia que creo que también se debe dirigir a todos los ciudadanos ya que la reflexión sobre la moralidad vinculada a los derechos no es algo exclusivo de un grupo profesional, sino que es algo consustancial a los individuos desde el momento en que las exigencias de la dignidad humana son cotidianas. De la misma manera que la progresiva positivación de las exigencias de la dignidad humana no culmina nunca, ya que estas exigencias son variables, el esfuerzo fundamentador nunca debe darse por finalizado. Por eso, tiene razón A. PAPACCHINI al señalar que los planteamientos aparentemente realistas para los que "lo más razonable sería al parecer dedicarse a defenderla [la Declaración], dejando para mejores tiempos los asuntos 'metafísicos' relativos a su justificación [...] descuidan las implicaciones prácticas que se derivan de un modelo específico de fundamentación, tanto para la aplicación de un derecho, como para la solución de conflictos entre diferentes clases de derechos. La perspectiva asumida para argumentar el valor de esas reivindicaciones (religiosa, ética, histórica, etc.) incide substancialmente en la manera concreta de llevarlas a la práctica; un asunto bien concreto como el de la jerarquización y las prioridades remite inevitablemente al de la justificación racional"[22].

6. Sobre la universalidad de los derechos

Posiblemente, uno de los puntos de referencia del Derecho internacional de los derechos humanos sea la afirmación de su universalidad. La cuestión que debemos plantearnos al respecto es la referida al sentido de esa afirmación. Es cierto que la nota de la universalidad es –junto a su carácter absoluto–, uno de los rasgos que tradicionalmente se han predicado de los derechos, a partir de la influencia de los planteamientos iusnaturalistas. Pero, más allá del valor histórico del iusnaturalismo que, compártanse o no sus puntos de vista en la actualidad, debe ser reconocido, cuando los juristas se plantean los derechos como objeto de análisis, debe primar la consideración de los mismos como instituciones jurídicas. Desde ese punto de vista, ¿en qué sentido podemos decir que los derechos son universales?

---

[22] A. PAPACCHINI. *Los derechos humanos, un desafío a la violencia*, Bogotá, Altamir, 1997, p. 528.

Luis Prieto ha expuesto que el de la universalidad "es un rasgo que ha caracterizado siempre a las construcciones liberales, empeñadas en definir los derechos del *homo iuridicus*, del individuo abstracto y al margen de su específica posición social; desde esta perspectiva, un derecho sólo sería fundamental si pudiera ser disfrutado por todos, adultos y jóvenes, empresarios y trabajadores, opulentos y necesitados, nacionales y extranjeros; si el bien protegido por el derecho no es sentido como importante por toda persona, entonces no estamos en presencia de un derecho fundamental"[23]. Pero en realidad, el rasgo de la universalidad en ocasiones puede presentarse como una dimensión problemática de los derechos. Así, Martin Kriele ha señalado que en ocasiones se puede considerar que la existencia de derechos humanos universales puede ser una mera ilusión, causada por tres categorías de motivos. En primer lugar, la existencia de múltiples y diferentes estructuras de pensamiento, tradiciones, culturas, con carácter normativo en distintas partes del mundo. En segundo lugar, la evidencia histórica nos muestra cómo en distintas épocas se han elaborado concepciones del Derecho y de los derechos muy diferentes a las actuales. En tercer lugar, nada nos indica que nuestras concepciones actuales deban ser válidas también para el futuro[24]. Por su parte, Javier de Lucas

---

[23] L. Prieto Sanchís. *Estudios sobre derechos fundamentales*, Madrid, Debate, 1990, p. 81.

[24] Cfr. M. Kriele. "L'universalità dei diritti dell'uomo", *Rivista internazionale di filosofia del diritto*, LXIV, n.º 4, 1992, pp. 3 y 4. Por su parte, J. Colwill denuncia un *agotamiento del universalismo* y una *reorientación hacia el regionalismo* a partir de la constatación de los problemas vinculados a la protección de las minorías: "Las contradicciones son simplemente insolubles y los problemas prácticos de aplicación y de ejecución demasiado grandes. El foco de atención debe dirigirse ahora a los desarrollos regionales y a las inicia-

ha afirmado que "los problemas de la nota de universalidad empiezan al advertir que los titulares pretendidamente universales, todos los hombres, en realidad no lo son"[25]. En efecto, y esta sería una de las contradicciones que podemos encontrar entre algunas afirmaciones teóricas –universalistas– que tienen su origen en el liberalismo clásico y sus dimensiones prácticas, existen determinadas vías o procesos de exclusión que necesariamente obligan a la reformulación de la universalidad de los derechos: así, la identificación del individuo titular de derechos con el burgués, la exclusión de género y la basada en el criterio de la nacionalidad. La conclusión es que "la mayor parte de los seres humanos no han sido considerados durante mucho tiempo sujetos de derechos. Con todo, esa argumentación puede ser relativizada: en realidad el problema no es que los derechos no hayan sido atribuidos universalmente a todos los hombres, sino que la mayor parte de los seres humanos no han sido considerados como tales"[26].

---

tivas regionales en términos de que el discurso de los derechos humanos pueda ser reformulado para tener en cuenta las especificidades de la cultura, de la religión, del lenguaje, etc. [...] A pesar de las dificultades, es un imperativo que la naturaleza y forma de los derechos humanos se vuelvan a pensar y que el agotamiento del universalismo se reconozca. El regionalismo se presenta como el único camino viable hacia delante si la comunidad internacional tiene que progresar, no exactamente en términos de protección de minorías específicamente, sino en términos también de realización efectiva y de sistemas de derechos culturalmente específicos y realizables en todo el mundo": "Los derechos humanos, la protección de las minorías y el agotamiento del universalismo", cit., p. 218.

[25] DE LUCAS. "Para una discusión de la nota de universalidad de los derechos. (A propósito de la crítica del relativismo ético y cultural)", cit., p. 263. También, ÍD. *El desafío de las fronteras*, Madrid, Temas de Hoy, 1994, pp. 40 y ss.

Pero junto a los problemas de la noción de universalidad derivados de los discursos teóricos, en este punto me parece interesante efectuar una alusión a la situación de los derechos en los ordenamientos internos. Estipulemos que afirmar la universalidad como rasgo del concepto puede implicar universalidad en los sujetos titulares de los derechos o en los sujetos obligados por los mismos. Es decir, un derecho es universal cuando podemos afirmar que todos los sujetos son titulares de él, o cuando podemos afirmar que todos los sujetos son destinatarios de determinadas obligaciones derivadas de la existencia de ese derecho. Si observamos cuál es la situación de los derechos fundamentales en los Ordenamientos internos, creo que debemos llegar a la conclusión de que no son universales, ni en cuanto a los titulares ni tampoco en cuanto a los sujetos obligados[27]. Es evidente, y nuestro texto constitucional es un ejemplo al respecto, que la titularidad de los derechos se articula a modo de círculos concéntricos, en donde los perímetros más reducidos se identificarían con los derechos que son reconocidos a grupos específicos de individuos, y posteriormente, ampliando los perímetros, a los españoles, y a todos. Es decir, no todos los derechos se reconocen a todos los individuos. Por lo que respecta a los sujetos obligados, no todos los derechos obligan a todos. En efecto, hay determinados derechos que sólo son oponibles frente a determinadas personas (Estado o particulares), lo cual implica que sólo a éstas se les puede exigir reponsabilidad; ello también soluciona el problema que plantearía la articulación jurídica de la responsabilidad derivada de hipotéticos deberes positivos

---

[26] DE LUCAS. "Para una discusión de la nota de universalidad", cit., p. 266.
[27] Cfr. PRIETO SANCHÍS. *Estudios sobre derechos fundamentales*, cit., pp. 81 y 82.

generales –de posible, aunque discutida en ocasiones, validez en el ámbito moral– en relación con los derechos[28]. Y es que, como ha señalado LAPORTA –manteniendo una concepción que no necesariamente los identifica con instituciones jurídicas–, "la lógica interna de los derechos humanos demanda la existencia de obligaciones generales positivas, es decir, de obligaciones de *todos* (y no sólo institucionales) de llevar a cabo acciones positivas para la realización y protección de los bienes constitutivos de los derechos básicos"[29]. Hablar de obligaciones positivas generales supone trascender la adscripción exclusiva de la obligatoriedad derivada de deberes positivos referida al Estado

---

[28] Es la posición mantenida por LUIS PRIETO: "Si los derechos fundamentales no pueden concebirse como universales en relación con el sujeto obligado es porque ello requeriría atribuir a todas las personas una especie de obligación general positiva de colaborar en la satisfacción de los derechos que exigen algo más que la mera abstención [...] Si los derechos son universales, ¿no significa esto una especie de solidaridad universal que justificaría la imposición de prestaciones positivas generales en relación con aquellos derechos que generan obligaciones de este tipo? [...] Salvo tasadas excepciones, el conjunto de los individuos no parece obligado mediante un deber directo y exigible a realizar aquellas acciones o prestaciones que conllevan los derechos fundamentales cuya satisfacción se concreta en un dar o en un hacer. En suma, *los derechos no son universales en este sentido porque jurídicamente no existe un deber de solidaridad universal*": *Estudios sobre derechos fundamentales*, cit., pp. 82 y 83, cursivas mías. JAVIER DE LUCAS reconoce la difícil juridificación de los deberes positivos generales en *El desafío de las fronteras*, cit., p. 48. Por su parte, E. GARZÓN VALDÉS ha defendido la justificación moral de los deberes positivos generales y su vinculación con el Estado social de Derecho en "Los deberes positivos generales y su fundamentación", en ÍD. *Derecho, ética y política*, Madrid, Centro de Estudios Constitucionales, 1993, pp. 339 y ss.

[29] F. J. LAPORTA. "Sobre el concepto de derechos humanos", *Doxa*, n.º 4, 1987, p. 36.

y trasladarla también a los individuos; y al mismo tiempo afirmar la existencia de responsabilidad derivada de esos deberes positivos generales también a los individuos. En mi opinión, el problema no radicaría, como supone LAPORTA, en una problemática ampliación del catálogo de los derechos y en una consiguiente pérdida de su fuerza, sino en la traducción jurídica de esa responsabilidad.

Podemos recapitular y preguntarnos: ¿lo inmediatamente anterior quiere decir que no tiene ningún sentido hablar de derechos universales? Si ello fuera así, ¿la universalidad de los derechos sería una de esas "fórmulas del lenguaje persuasivo que pueden tener una función práctica en un documento político para dar mayor fuerza a la exigencia, pero que no tienen valor teórico alguno, y son, por tanto, completamente irrelevantes en una discusión de Teoría del Derecho"[30]? ¿Se tendría razón cuando se sostiene que "la afirmación aparentemente *universal* de la tesis de la universalidad parece más bien caso de retórica"[31]?

Anteriormente he señalado que la afirmación de la universalidad de los derechos está bien asentada en nuestras intuiciones y por ello no es fácil que renunciemos sin más a ella. Por ello, creo que, en su caso, la universalidad de los derechos sería predicable en el ámbito de la moralidad. Sabido es que, a no ser que se mantengan planteamientos esencialistas o sustancialistas en relación con el empleo de los términos en el lenguaje, tiene sentido hablar de derechos en el marco del discurso moral (sin que ello, claro está, haga derivar valor normativo-

---

[30] BOBBIO. "Introducción", en ÍD. *El tiempo de los derechos*, cit., p. 19.
[31] DE LUCAS. "Para una discusión de la nota de universalidad", cit., p. 260.

jurídico de la existencia de esos derechos "morales"). Pues bien, en mi opinión es ahí, en el ámbito de la moralidad, en donde se podría seguir manteniendo la idea de la universalidad de los derechos. Es una directa consecuencia de la exigencia kantiana de universalidad de los imperativos morales. Y es en ese sentido en el que, en mi opinión, FRANCISCO LAPORTA entiende la universalidad de los derechos al afirmar que "es la traslación a la noción de derecho moral de la idea de universalizabilidad de los enunciados morales [...] se ha dicho con frecuencia que la característica estructural del lenguaje moral es que sus enunciados han de ser universalizables, y en ello no han de distinguirse los enunciados morales en términos de 'derechos'"[32]. En efecto, LAPORTA ha señalado con razón la imposibilidad conceptual de compaginar la afirmación de que los derechos son universales con la afirmación de la adscripción de los derechos a un Ordenamiento jurídico, ya que "la condición de sujeto de un sistema jurídico excluye la noción de universalidad"[33]. Por eso, si se quiere seguir hablando de la universalidad de los derechos "tenemos que sacar los derechos humanos fuera del ámbito del sistema jurídico positivo"[34]. Ello supondría llevar a cabo una descontextualización de los derechos en el sentido de no hacerlos depender de condicionamientos institucionales referidos a un determinado sistema jurídico, ya que "la noción de 'universalidad' implica por sí misma el hacer caso omiso de instituciones y roles para poder adscribir los derechos (morales) a *todos* al margen de su circunstancia vivencial o contextual"[35].

---

[32] F. J. LAPORTA. *Entre el Derecho y la moral*, México, Fontamara, 1993, p. 83.
[33] ID. "Sobre el concepto de derechos humanos", *Doxa*, n.º 4, 1987, p. 33.
[34] Ibíd., p. 32.
[35] Ibíd., p. 33.

Esa descontextualización sería una descontextualización jurídica que permitiría hablar de derechos universales exclusivamente en el ámbito de la moralidad.

GREGORIO PECES-BARBA ha señalado que la universalidad de los derechos se puede enfocar desde tres perspectivas: lógica, temporal y espacial[36]. Cuando se hace referencia a la primera se alude a "una titularidad de los derechos que se adscriben a todos los seres humanos. Sus rasgos son la racionalidad y la abstracción, congruentes con esa titularidad de todos los hombres"; la universalidad temporal implica que los derechos "tienen un carácter racional y abstracto al margen del tiempo y válidos para cualquier momento de la historia"; en tercer lugar, la universalidad espacial significa "la extensión de la cultura de los derechos humanos a todas las sociedades políticas sin excepción". PECES-BARBA afirma que asumir la perspectiva lógica supone situarse en el plano de la razón, pero yo añadiría que también en el de la moral. Creo que, si queremos seguir hablando de universalidad de los derechos, la única universalidad predicable de los derechos sería la de su moralidad, y considero más difícil afirmar su universalidad temporal o espacial.

En directa relación con lo anterior, si hemos negado la universalidad de los derechos en el ámbito del Derecho interno, procede preguntarse si esa conclusión es trasladable al ámbito internacional, y por lo que a nosotros nos interesa en esta ocasión a la Declaración Universal. En este sentido, carezco de razones que me lleven a llegar a conclusiones diferentes en este segundo ámbito. Lo que es de difícil articulación técnica –si no im-

---

[36] G. PECES-BARBA. "La universalidad de los derechos humanos", *Doxa*, n.º 15-16, 1994, pp. 614 y 615.

posible– en el Derecho interno también lo es en el Derecho internacional. ¿Nos encontramos por tanto en presencia de una Declaración retórica y exclusivamente simbólica? No lo creo, con independencia de que se reconozca la importantísima carga simbólica de la Declaración. Sí tiene sentido hablar de la universalidad de la Declaración y de la universalidad de los derechos incluidos en ella, siempre que se entienda que esa universalidad adquiere sentido en el marco del discurso moral. En relación con el Derecho, es una universalidad tendencial, esto es, entendida como aspiración. Por lo tanto, la universalidad de los derechos no es una cuestión de hecho, sino que es entendida referida al "carácter 'universalizable' de los derechos, o, lo que es lo mismo, la aspiración a formularlos de forma que sean susceptibles de una aceptación que se pueda admitir a la vez universal"[37]. Nos situamos, por tanto, en el marco de un discurso prescriptivo y no descriptivo en relación con la universalidad de los derechos.

La Declaración constituye el motor de la dinámica de universalización de los Derechos, pero no la afirmación definitiva de su universalidad, entre otras cosas porque, como ha señalado Javier de Lucas, "respecto a ella queda por resolver el problema de la inexistencia de una autoridad soberana de orden universal capaz de respaldarla e imponerla eficazmente, así como la dificultad que suscita la duda acerca de si ese texto puede ser objeto de interpretaciones diferentes en función de contextos políticos, sociales y culturales diversos"[38]. El proceso de internacionalización de los derechos –del que la Declaración

---

[37] De Lucas. *El desafío de las fronteras*, cit., p. 40.
[38] De Lucas. "Para una discusión de la nota de universalidad", cit., p. 271.

es "la punta de lanza"[39]– no supone la culminación de la universalidad de los mismos. Creo que esta conclusión se puede extraer del Preámbulo de la propia Declaración en donde se señala que ella se proclama como "el ideal común por el que todos los pueblos y naciones deben esforzarse, a fin de que tanto los individuos como las instituciones, inspirándose constantemente en ella, promuevan, mediante la enseñanza y la educación, el respeto a estos derechos y libertades, y aseguren, por medidas progresivas de carácter nacional e internacional, su reconocimiento y aplicación universales y efectivos".

Así, en lo que se refiere al ámbito internacional, adquiriría mucho sentido la comprensión de la universalidad de los derechos como punto de llegada, como meta a alcanzar por el Derecho internacional a partir del impulso de esa universalidad en el ámbito de la moralidad[40], asumiendo siempre los problemas de técnica jurídica que implica la traducción al mundo del Derecho de las consecuencias de su afirmación. Directamente relacionado con esto, se podría pensar que si se admite la universalidad como meta, y se hace referencia a determinados valores "universales", entonces se está respondiendo al relativismo cultural y ético. Esta es una cuestión que excede con mucho las posibilidades e intenciones de estas reflexiones[41]. Me limito a afirmar

---

[39] PONS RAFOLS. "Vigencia y alcance de la Declaración Universal", cit., p. 82.
[40] GREGORIO PECES-BARBA utiliza la distinción entre la universalidad como punto de partida y como punto de llegada en relación con los derechos que surgen en el marco del proceso de especificación (cfr. "La universalidad de los derechos humanos", cit., pp. 626 a 631), pero yo creo que es también aprovechable en el sentido señalado aquí.
[41] Puede consultarse, al respecto, DE LUCAS. *El desafío de las fronteras*, cit., pp. 58 y ss. En todo caso, sí parece cierto que la afirmación de la universalidad

que la universalidad de los derechos sería en todo caso una exigencia del carácter moral predicado de los mismos, un requisito formal del carácter moral de los derechos: sólo podría adquirir

---

de los derechos implica la existencia de un mínimo ético y político compatible por todos. El problema que persiste es el de la eficacia de los márgenes y contenidos de ese mínimo. RAWLS intenta profundizar en la idea de los derechos humanos como elementos imprescindibles de un derecho de gentes, entendido éste como "una familia de conceptos políticos con principios de derecho, justicia y bien común, que especifica el contenido de una concepción liberal de la justicia aplicable al derecho internacional": "El Derecho de Gentes", en S. SHUTE y S. HURLEY (eds.). *De los derechos humanos*, J. GONZÁLEZ AMUCHASTEGUI (prólogo), H. VALENCIA (trad.), Madrid, Trotta, 1998, p. 55. Para RAWLS, los derechos humanos fundamentales "expresan un patrón mínimo de instituciones políticas bien ordenadas para todos los pueblos que pertenecen, como miembros de buena fe, a una justa sociedad política de los pueblos" (p. 72). A partir de ahí, los derechos humanos desarrollan tres funciones básicas: "1) Son una condición necesaria de la legitimidad del régimen y de la decencia de un orden jurídico. 2) Cuando operan correctamente, resultan suficientes para excluir la justificada intervención de otros pueblos mediante sanciones económicas o, en casos graves, la fuerza militar. 3) *Fijan un límite al pluralismo entre los pueblos*" (p. 75, cursivas mías). JAVIER DE LUCAS ha desarrollado la idea según la cual los derechos humanos constituyen un límite del pluralismo: "Que existan diversas culturas, de acuerdo. Que tratemos de llegar a una comunicación entre los valores de todas ellas, resulta aceptable. Que tengamos que aceptar como jurídicamente protegible (o rechazable) todo lo que cada una de esas culturas defiende como bienes valiosos (o prohíbe por incompatible con ellos) sería otro cantar. La respuesta más aceptada acerca de los límites del pluralismo es la que insiste en la necesidad de mantener los derechos humanos como contenido que no se puede relativizar": "¿Elogio de Babel? Sobre las dificultades del Derecho frente al proyecto intercultural", *Anales de la Cátedra Francisco Suárez*, n.º 31, 1994, p. 35. En relación con la existencia de un elemento mínimo y común, puede consultarse también el interesante artículo de S. AMATO, "El universo del sujeto y la universalidad de los derechos", *Anales de la Cátedra Francisco Suárez*, n.º 31, 1994, pp. 169 a 185, en donde

sentido si nos situamos en el ámbito de la moral. Por eso, siguiendo a PÉREZ LUÑO, y teniendo presente su distinción entre derechos fundamentales y derechos humanos (caracterizados éstos por una "insoslayable dimensión deontológica"), tendríamos que negar la universalidad *en* los derechos humanos, y afirmar la universalidad *de* los derechos humanos: "La primera, en sentido extensivo y descriptivo haría referencia a si los derechos humanos son universales, porque han sido acogidos en todos los ordenamientos jurídicos. La segunda, en sentido intensivo y prescriptivo, plantearía si la universalidad es un rasgo inherente o constitutivo del concepto de los derechos humanos"[42].

Pero de lo anterior tampoco se debería extraer que la Declaración desarrolla sus funciones exclusivamente en el ámbito de la moral o de la política y que no es de trascendencia efectiva para el mundo del Derecho. Recordemos la incidencia efectiva que tiene en nuestro Ordenamiento a través de la vía del artículo 10.2 de la Constitución. Por otra parte, la moral y el Derecho no viven alejados el uno de la otra. En los Ordenamientos democráticos existen vías de entrada o de inyección de la moralidad, que en ese momento se convierte en moralidad legalizada. Una de esas vías es la constituida por las normas de derechos fundamentales: la moral se introduce en el Ordenamiento a través de los

---

afirma: "Existe un elemento mínimo que une a culturas y utopías en la búsqueda siempre abierta que imponen aquellas piezas singulares de reflexión sobre el mundo: la sensibilidad por el sufrimiento" (p. 182). Un intento de definir el papel de las preferencias individuales y de los elementos culturales y colectivos a la hora de plantear la cuestión del universalismo/relativismo de los valores, puede encontrarse en A. AARNIO y A. PECZENIK. "On values. Universal or relative?", *Ratio Iuris*, vol. 9, n.º 4, 1996, pp. 321 y ss.
[42] A. E. PÉREZ LUÑO. *La universalidad de los derechos humanos*, en prensa.

derechos. Pues bien, la Declaración, en su sentido de expresión de un determinado consenso histórico en relación con la moralidad de los derechos, constituye un punto de referencia inexcusable en la configuración de la moralidad que se expresa a través de los derechos.

7. La Declaración Universal y la ética pública

La distinción entre ética pública y ética privada ha sido desarrollada por GREGORIO PECES-BARBA en varios de sus escritos[43]. Es una distinción que adquiere sentido en el marco de las específicas relaciones entre la moral, el Poder y el Derecho que caracterizan a la democracia. El contexto intelectual en el que se desarrolla la distinción es el constituido por el positivismo moderado o corregido y por la afirmación de la necesidad de la presencia de contenidos morales en el Derecho para que éste pueda alcanzar sus finalidades, entre las que destaca la libertad moral de los individuos[44]. Así, señala PECES-BARBA, el rasgo básico de la ética pública es su carácter procedimental y formal, mientras que la ética privada es material. La finalidad de la ética pública sería la de constituir el marco

---

[43] Cfr. G. PECES-BARBA. *Ética pública y Derecho*, Madrid, Real Academia de Ciencias Morales y Políticas, 1993; ÍD. *Ética, Poder y Derecho*, Madrid, Centro de Estudios Constitucionales, 1995; ÍD. "Ética pública-ética privada", *Anuario de Filosofía del Derecho*, tt. XII-XIV, pp. 531 y ss.

[44] Puede consultarse al respecto G. PECES-BARBA. "Desacuerdos y acuerdos con una obra importante", epílogo a G. ZAGREBELSKY. *Derecho dúctil*, M. GASCÓN (trad.), Madrid, Trotta, 1995. Por otra parte, dicha distinción no debe confundirse con las correspondientes entre moral personal y moral social, y también entre moral privada y moral pública. Cfr. al respecto E. FERNÁNDEZ. *Estudios de ética jurídica*, Madrid, Debate, 1990, pp. 101 y ss.

en el que cada individuo pudiera realizar libremente sus propios planes de vida, es decir, pudiera desarrollar los contenidos de su ética privada: se trata de establecer un marco de compatibilidad de las diferentes éticas privadas. Creo que es interesante subrayar aquí que de la afirmación del carácter procedimental o formal de la ética pública no se debe deducir una supuesta neutralidad axiológica al respecto. Dos razones apoyarían esta idea. En primer lugar, si se analiza la propuesta de Peces-Barba, en seguida nos damos cuenta de que no se está hablando de "cualquier" ética pública. Al contrario, se está pensando expresamente en la ética pública vinculada a la democracia y a las reglas del juego democrático. El propio Peces-Barba lo reconoce cuando afirma: "La ética pública conforma el orden justo y estable, los criterios de organización de la vida social, el conjunto de valores, principios y derechos, en definitiva, el contenido de la idea de justicia que el ordenamiento jurídico de una sociedad democrática debe realizar [...] Su finalidad es que todos y cada uno de los ciudadanos, en la más amplia medida posible, estén en condiciones de desarrollar plenamente los rasgos de su dignidad y muy especialmente el de escoger su moralidad privada. Ciertamente que todas las concepciones políticas y jurídicas tienen su ideario, con sus fines y objetivos a alcanzar, pero solamente las concepciones democráticas de origen liberal suponen el desarrollo de los elementos subjetivos –libertad religiosa– y objetivos –tolerancia, pluralismo y neutralidad del Estado– que presuponen la distinción entre ética pública y ética privada"[45]. En segundo lugar, pienso que la ética pública propuesta

---

[45] Peces-Barba. "Ética pública-ética privada", cit., p. 537.

por Peces-Barba es procedimental en tanto que instrumental: está dirigida a un fin determinado, al desarrollo de las exigencias de la dignidad o al libre desarrollo de la personalidad, siguiendo la fórmula del artículo 10.º de nuestro texto constitucional. Así, "el fin a alcanzar, o el objetivo de la ética pública, moralidad del Derecho o justicia, como tradicionalmente se le denomina, es orientar la organización de la sociedad para que cada persona pueda alcanzar el desarrollo máximo de las dimensiones de su dignidad: capacidad de elegir, capacidad de razonar y de construir conceptos generales, capacidad de dialogar y de comunicarse, y capacidad para decidir libremente sobre su camino para buscar la salvación, el bien, la virtud o la felicidad"[46]. Por ello, el carácter instrumental de la ética pública no se identifica con una supuesta neutralidad axiológica. Detrás de la ética pública propuesta hay una elección moral: "Hablar de ética procedimental no quiere decir que no existan unos valores materiales, y unos fundamentos, con contenidos y orientaciones. Ética procedimental no es sinónimo de una cáscara vacía. La idea de dignidad humana y los cuatro valores, especialmente el central de la libertad matizada y potenciada por la seguridad, la igualdad y la solidaridad, supone un modelo que excluye y limita a otros"[47].

Pues bien, se podría afirmar que los derechos fundamentales forman parte de la ética pública. Los derechos fundamentales son medios respecto a los valores superiores y en última instancia respecto a la idea de dignidad. La materialización de las exigencias de la dignidad humana y del libre desarrollo de

---

[46] Ibíd., p. 534.
[47] Peces-Barba. *Ética pública y Derecho*, cit., p. 29.

la personalidad, punto de referencia moral y político último del Ordenamiento, se encauza a través de la puesta en marcha de un sistema de derechos fundamentales. La posibilitación de la plenitud de la ética privada implica la existencia de un sistema de derechos fundamentales. Se podría pensar que la inclusión de los derechos fundamentales en los parámetros de la ética pública supera con mucho esa ética de mínimos con la que parecería identificarse la ética pública cuando se la identifica como procedimental o formal. Pero, en democracia –y recordemos que el sistema democrático constituye el marco natural de los derechos fundamentales, ya que el Poder político democrático es el único capaz de vincularse, autolimitándose, con la moralidad de los derechos– el volumen y las exigencias de esa ética mínima son mucho mayores que en otros sistemas.

Sabemos que en los Ordenamientos jurídicos democráticos que asumen en su interior derechos fundamentales éstos ocupan una posición privilegiada. Dicha situación viene determinada, en primer lugar, por su específica vinculación con la norma básica material del Ordenamiento, que constituye el criterio de identificación jurídica desde el punto de vista de los contenidos. No obstante, así mismo hay que tener en cuenta que los derechos fundamentales desarrollan su virtualidad también en relación con los criterios formales de identificación normativa, ya que la propia estructura de los procedimientos de producción normativa se ve afectada y condicionada de manera muy directa por la presencia de derechos. En segundo lugar, la posición privilegiada es consecuencia de la existencia de mecanismos específicos y especiales de protección. En ese sentido es en el que se afirma que la posición jurídica de los derechos viene determinada por su carácter de derechos reforzados.

Bien podríamos considerar que la Declaración Universal constituye, desde el punto de vista internacional, el núcleo de la ética pública imprescindible para la realización de la dignidad humana y que debería realizar así una función similar a la desempeñada por los criterios materiales básicos de identificación normativa en el Derecho interno. Pero tenemos que reconocer que la posición de ese núcleo material normativo en el plano del Derecho internacional, no es exactamente la que ocupa en el Derecho interno de los sistemas democráticos. Y ello porque no está rodeado de todo el arsenal garantista y protector propio de los sistemas internos. Creo que aquí la cuestión importante es la de tratar de aproximar los instrumentos de protección internacionales a los rasgos que caracterizan las garantías internas de los derechos. Estas, en términos generales y allí donde se encuentran, están dotadas de un mayor grado de eficacia. Posiblemente, esos mecanismos pueden reconducirse –de distintas maneras y con diversos matices– a la idea de limitación del Poder. En este sentido sería muy interesante trasladar al plano internacional, con todas las consecuencias que se derivarían en lo referente a la actuación de los poderes privados dotados de gran capacidad económica, la idea plenamente vigente en los Ordenamientos internos, según la cual los derechos vinculan tanto a los poderes públicos como a los poderes privados. En efecto, el poder a limitar no sólo es el del Estado. Hay que exigir que el compromiso efectivo del Poder político con los derechos constituido por la propia positivación de los derechos en las constituciones, exista también en el plano internacional. Ese compromiso es el resultado de la filosofía política y moral que inspira a ese Poder político. Se trataría de trasladar esa filosofía política también al plano internacional. Por eso, la primacía del individuo constituye un elemento que también debe desarrollarse desde el punto de vista internacional. La democracia adquiere sentido a partir del respeto de las exigencias individuales. A partir de ahí es importante el paulatino aumento del protagonismo y de la capacidad de actuación del individuo en el ámbito del Derecho internacional.

8. Conclusiones. El futuro de los derechos: soberanía y ciudadanía

Cuando en un Ordenamiento interno reconocemos que existe un sistema de derechos garantizado, estamos reconociendo implícitamente dos cuestiones previas. Por una parte, estamos en presencia de un Poder político comprometido con la filosofía de los derechos, y por otra, observamos la existencia de un sistema de garantías más o menos articuladas. Pues bien, la universalidad de los derechos será posible sólo cuando en el ámbito internacional se den esas dos condiciones. Se trata de trasladar el engranaje argumentativo que acompaña a los derechos en los Ordenamientos internos al plano internacional.

El imperativo es el de trasplantar los esquemas del Estado de Derecho también al ámbito internacional con la consiguiente construcción de un Estado de Derecho internacional[48]. A través de un proceso de minimización del Poder y de maximización de los derechos, esa democracia sustancial a la que alude FERRAJOLI se trasladaría también a la esfera internacional[49]. Los derechos

---

[48] Cfr. L. FERRAJOLI. *Derecho y razón*, P. ANDRÉS IBÁÑEZ et ál. (trads.), Madrid, Trotta, 1997, p. 940.
[49] Cfr. FERRAJOLI. *Derecho y razón*, cit., p. 931. En otro momento señala FERRAJOLI: "El progreso de la que he llamado *democracia sustancial* se produce, pues, además de mediante la expansión de los derechos y de sus garantías, tam-

fundamentales jugarían el papel que juegan en el plano interno, cuando también en el plano internacional constituyeran la esfera de lo *no decidible*[50]. RAWLS lo ha expresado bien al afirmar que los derechos "son parte de un razonable derecho de gentes y fijan límites a las instituciones domésticas exigidas por ese derecho a todos los pueblos. En este sentido *establecen la última frontera del derecho doméstico admisible* en sociedades integrantes de buena fe de una justa sociedad de los pueblos"[51].

LUIGI FERRAJOLI también ha señalado que la historia del constitucionalismo es la de la progresiva ampliación de la esfera pública de los derechos. Y en el marco de esa historia se inserta "la extensión, aunque sea embrional, del paradigma constitucional al derecho internacional"[52]. En este sentido, la vigencia del paradigma constitucional en este ámbito viene determinada por el declive de las estructuras basadas en el dogma de la soberanía de los Estados. En la actualidad, gran parte de los derechos tienen una naturaleza supra-nacional[53]. Hoy ya no es posible la estricta comprensión nacional de los derechos.

En efecto, la suerte de la universalización de los derechos depende de la que corran las nociones de soberanía[54] y de ciu-

---

bién a través de la ampliación del estado de derecho al mayor número de ámbitos de vida y de esferas de poder, de modo que también en ellos se tutelen y sean satisfechos los derechos fundamentales de las personas" (p. 934).

[50] Cfr. FERRAJOLI. "Diritti fondamentali", cit., p. 15: ya sea de lo *no decidible que*, relacionado con las prohibiciones relativas a los derechos de libertad, o de lo *no decidible que no*, vinculado a las obligaciones públicas correspondientes los derechos sociales.

[51] RAWLS. "El Derecho de Gentes", cit., p. 74, cursivas mías.

[52] FERRAJOLI. "Diritti fondamentali", cit., p. 17.

[53] Ibíd., p. 7.

[54] Con respecto a la relación soberanía-derechos fundamentales, cfr. CARRI-

dadanía. El propio HABERMAS lo ha señalado: "La discrepancia entre el contenido de los derechos humanos que tienen los derechos clásicos de libertad, por un lado, y la validez de sus positivaciones jurídicas, restringida de entrada al ámbito de un Estado nacional, por otro, nos hace percatarnos de que el 'sistema de los derechos' fundamentado discursivamente apunta por encima del Estado democrático de derecho, tiene por meta una globalización de los derechos. Como KANT vio, los derechos fundamentales en virtud de su contenido semántico, exigen una 'situación cosmopolita' articulada internacionalmente en términos jurídicos. Pero para que de la Declaración Universal de los derechos del hombre de la ONU se sigan derechos judicialmente accionables, no basta sólo con tribunales internacionales; estos sólo podrán funcionar adecuadamente cuando una *Organización de las Naciones Unidas no solamente capaz de tomar resoluciones sino capaz de actuar e imponer, haya puesto fin a la soberanía de los Estados nacionales particulares*"[55].

La internacionalización de los derechos implica una dirección contraria al mantenimiento de las derivaciones del concepto de ciudadanía[56]. La noción de ciudadanía, que alude a las relaciones entre los individuos y una determinada organización política –el Estado–, ya no sirve como cómodo marco

---

LLO SALCEDO. *Soberanía de los Estados y derechos humanos en Derecho internacional contemporáneo*, Madrid, Tecnos, 1995; L. FERRAJOLI. *La sovranità nel Mondo moderno*, Milano, Anabasi, 1995.

[55] J. HABERMAS. *Facticidad y validez*, M. JIMÉNEZ REDONDO (trad.), Madrid, Trotta, 1998, p. 655, cursivas en el texto.

[56] En relación con este tema puede consultarse, entre la innumerable bibliografía, el n.º 120 de *Inchiesta*, que bajo el título "La cittadinanza in discussione", contiene trabajos de LUKES, KYMLICKA y LA TORRE, entre otros.

de los derechos desde el momento en que esa organización política ya no es el escenario en el que se deben desarrollar los derechos, y ya no constituye el esquema de adscripción de los mismos. Por eso, la universalidad de los derechos (y las exigencias de igualdad que le son consustanciales) implica "la supresión de la ciudadanía, la definitiva de-nacionalización de los derechos fundamentales y la correlativa de-estatalización de las nacionalidades"[57].

Al mismo tiempo, la universalización de los derechos exige la democratización de la sociedad internacional, la instauración de ese *orden social internacional* al que alude el artículo 28 de la Declaración. En el plano interno, la vinculación derechos fundamentales-democracia es insuprimible: sin derechos fundamentales no hay democracia y la democracia es el único escenario en el que son posibles los derechos. La democracia se construye a partir del protagonismo del individuo. Eso también tiene que ocurrir en el ámbito internacional. Por eso es tan importante –ya lo hemos señalado– el protagonismo del individuo en la esfera internacional, lo cual va unido a la disminución de las exigencias del concepto de ciudadanía. También en este ámbito se debe proceder a esa descontextualización a la

---

[57] FERRAJOLI. "Diritti fondamentali", cit., p. 20. Al respecto ha afirmado M. LA TORRE: "en la medida en que el concepto moderno de ciudadanía corta sus raíces organicistas conectadas con un 'destino' alegadamente objetivo y se basa en el hecho elemental, simultáneamente individual y universal, de la *humanidad* del 'ciudadano' como sujeto, contiene la fuerza necesaria para superar los límites de la contingente comunidad política y convertirse en una posición jurídica *universal*": "La ciudadanía, una apuesta europea", en L. PRIETO SANCHÍS (ed.). *Tolerancia y minorías*, Cuenca, Universidad de Castilla-La Mancha, 1996, p. 108.

que ya se ha aludido. La noción moderna de ciudadanía, es un criterio moderno para estructurar la relación Estado-individuo, y al mismo tiempo es un elemento de exclusión de determinados individuos respecto a determinados derechos[58]. Como ha señalado HABERMAS, "hoy los términos 'ciudadanía' o *citizenship* se utilizan no solamente para significar la pertenencia a la organización que es el Estado, sino también para significar el *status* que, en lo que a contenido se refiere, viene definido por los derechos y deberes ciudadanos"[59].

Hemos visto que si, en las circunstancias actuales de desarrollo del Derecho internacional, queremos seguir hablando de universalidad de los derechos, debemos señalar cuidadosamente el marco al que referir esa universalidad. En todo caso, y de acuerdo con el carácter histórico de los derechos, debemos reconocer que los rasgos de la actual situación de los derechos no tienen por qué ser inmutables. El empeño que debe ocuparnos es el de la universalización de los derechos. En ese sentido, y puestos a definir estrategias, parece que se podría tomar como ejemplo lo que ocurre en los modernos Estados democráticos que garantizan en sus ordenamientos derechos fundamentales. Es necesario, así, que también en el nivel internacional se produzca

---

[58] Como ha señalado FERRAJOLI, "la ciudadanía ya no es, como en el origen del Estado moderno, un factor de inclusión y de igualdad. Hoy, por el contrario, debemos admitir que la ciudadanía de nuestros países ricos representa el último privilegio de status, el último factor de exclusión y discriminación, el último resto premoderno de las desigualdades personales en contraste con la proclamada universalidad e igualdad de los derechos fundamentales": "Dai diritti del cittadino ai diritti della persona", cit., p. 288.

[59] HABERMAS. "Ciudadanía e identidad nacional", en *Facticidad y validez*, cit., p. 625.

esa positivación del derecho natural de la que habla Ferrajoli para referirse a la constitucionalización de los derechos, con la consiguiente vinculación entre los criterios de legitimación formal y sustancial[60]. A partir de dicha positivación se podrán sentar las bases para que la efectividad de los derechos sea real y universal en el plano internacional.

La Declaración Universal constituye en este sentido un paradigma, que no es un punto final sino un punto de partida; y la universalidad de los derechos tiene un gran componente utópico. Pero si, como ha afirmado Ferrajoli, "la historia del Derecho es también una historia de utopías (bien o mal) realizadas"[61], mucho más lo es la de los derechos fundamentales. Estos, sin su componente utópico y de liberación, pierden gran parte de su sentido y su reclamación gran parte de su fuerza. Nos iremos acercando a la meta, nunca alcanzable del todo, en función –entre otras cosas– del perfeccionamiento de los mecanismos de protección. Creo que lo mejor, para darnos cuenta de lo lejos que todavía estamos del objetivo final, es seguir el consejo de Norberto Bobbio cuando señala: "A cualquiera que se proponga hacer un examen libre de prejuicios del desarrollo de los derechos humanos después de la Segunda Guerra Mundial le aconsejaría este saludable ejercicio: leer la Declaración Universal y después mirar alrededor. Estará obligado a reconocer que, a pesar de las anticipaciones iluminadas de los filósofos, de las audaces formulaciones de los juristas, de los esfuerzos de los políticos de buena voluntad, el camino por recorrer es todavía largo. Y le parecerá que la historia humana, aun cuando vieja en milenios,

---

[60] Cfr. Ferrajoli. *Derecho y razón*, cit., pp. 354 y ss.
[61] Ferrajoli. "Dai diritti del cittadino ai diritti della persona", cit., p. 291.

comparada con las enormes tareas que nos esperan, quizá haya apenas comenzado"[62].

---

[62] BOBBIO. "Presente y porvenir de los derechos humanos", en ÍD. *El tiempo de los derechos*, cit., p. 83.

ÍNDICE ONOMÁSTICO

-A-

Aarnio 235
Abellán 163
Águilo Regla 175
Alexander 170
Alexy 112, 124, 125, 206
Amato 234
Andrés Ibáñez 57, 64, 91, 92, 97, 113, 160
Ansuátegui Roig 11, 12, 13, 17, 78, 94, 148, 155, 212
Arcos Ramírez 85
Aristóteles 32

-B-

Bacqué 122
Bayón 127, 213
Bellamy 182, 183
Betegon 138
Blanco Valdés 100
Bobbio 57, 58, 59, 207, 212, 213, 214, 215, 216, 219, 222, 229, 246, 247
Böckenforde 78, 79, 80, 81, 82, 150
Bodino 23
Bonanate 163
Bongiovanni 135, 172
Briceño 18
Brunkhorst 185
Bulloch 116
Bunge 34

-C-

Calsamiglia 121
Carbonell 58, 175
Care 28
Carrillo Salcedo 161, 242
Carrió 24, 25, 26, 116
Cascajo 23
Castells 157
Castiglione 182, 183
Chevallier 80, 81, 82, 150
Closa 167
Cohen 116, 134
Colwill 209, 210, 225
Corcuera 184

Costa 183
Craig 170, 171
Cruz Villalón 166, 199, 201

-D-

De Agapito Serrano 79, 150
De Asís 55, 56, 57, 67, 81, 123, 158, 213
De Cabo 175
De Caprariis 172
De Carreras 60, 80, 86, 150
De Lucas 157, 180, 186, 220, 225, 226, 227, 228, 229, 232, 233, 234
De Páramo 138
Del Real Alcala 17, 40, 50
Díaz 24, 38, 39, 40, 41, 42, 43, 44, 46, 48, 49, 50, 51, 52, 53, 54, 85, 86
Díez-Picazo 184
Dorado Porras 130
Dworkin 115, 116, 119, 134, 135, 158

-E-

Engel 194
Eriksen 167, 174, 179, 185, 192, 194, 195
Escudero Alday 84, 108, 133, 135, 136, 140

-F-

Fariñas Dulce 156, 158
Fernández, E. 24, 38, 39, 40, 44, 46, 48, 50, 51, 52, 53, 151, 236
Fernández García 78, 97
Fernández Santillán 59
Fernández Tomás 198
Ferrajoli 24, 57, 58, 60, 61, 62, 63, 64, 65, 66, 67, 68, 69, 70, 71, 97, 113, 115, 132, 160, 181, 216, 217, 220, 241, 243, 244, 245, 246
Fioravanti 171
Fossum 167, 174, 179, 185, 192, 194, 195
Fuller 192

-G-

Gallego Anabitarte 195
Gallie 27, 28
García de Enterría 45, 100
García Figueroa 94
García Manrique 198
García Pelayo 81, 92, 98, 102, 104
Garretón 210, 220
Garzón Valdés 126, 206, 222, 228
Gascón Abellán 45, 76, 95, 99, 103, 104, 236
Gerber 86
Gianformaggio 67

Gimbernat 158
Gómez de Arteche 45
González Amuchastegui 152, 153, 222, 234
Goyard-Fabre 47
Gozzi 172
Gray 28
Greppi 64, 160
Grimm 179, 182, 183, 184, 187
Gros Espiell 207
Guastini 62, 67, 175

-H-

Häberle 71, 86, 87
Habermas 47, 90, 181, 182, 243, 245
Haltern 187, 188
Hart 12, 31, 51, 109, 110, 112, 115, 116, 117, 118, 119, 122, 123, 125
Hayek 44, 45, 46, 51
Heller 45
Hermida del Llano 199
Hierro 45, 99
Hobbes 23
Höffe 160
Hurley 234

-I-

Ihering 86

Inés W. 122

-J-

Jellinek 86
Jiménez Redondo 47, 181, 243
Jori 37, 67

-K-

Kant 163, 182, 243
Kekes 27, 29
Kelsen 74, 121, 122
Kriele 225
Kymlicka 243

-L-

La Torre 47, 111, 124, 174, 181, 188, 189, 190, 244
Laband 86
Laporta 46, 84, 96, 97, 98, 99, 103, 126, 221, 222, 228, 229, 230
Legaz Lacambra 128
Llamas 213
Llopis Carrasco 185
Loewenstein 195
López Castillo 198
López García 17, 40, 50
Lujambio 175
Lukes 243

Luther 179, 181, 182

-M-

MacCormick 105, 137, 138
Magnette 167
Majone 183
Maquiavelo 23
Martines 165
Marzal 211
Matteucci 172
Mayer 187, 188
McIlwain 172
McIntyre 27
Menéndez 167, 174, 179, 185, 192, 194, 195
Monleón 17
Montanari 62

-N-

Nino 172, 173

-O-

Oliver León 199

-P-

Papacchini 224
Peces-Barba 12, 52, 60, 61, 83, 109, 120, 122, 123, 124, 140, 160, 177, 178, 179, 192, 193, 212, 214, 231, 233, 236, 237, 238
Peczenik 235
Peña Freire 67, 76, 78
Pérez Luño 23, 36, 37, 54, 86, 87, 88, 89, 90, 150, 198, 206, 235
Pinochet 173
Pintore 29, 37
Pisarello 46, 51, 78
Platón 32
Pons Rafols 208, 233
Portinaro 179, 181, 182
Pozzolo 119, 126
Prieto Sanchís 45, 74, 75, 95, 99, 111, 112, 114, 119, 221, 222, 225, 227, 228, 244

-R-

Ramiro Avilés 177
Ramiro, Miguel Ángel 28
Rawls 242
Raz 107, 116, 121, 134, 170
Ridola 71
Robinson 31, 32, 33, 34, 37
Rousseau 89, 182
Rubio Llorente 198
Ruipérez 184, 186
Ruiz Miguel 213
Ruiz Ruiz 17

-S-

Saba 172
Sacristán 34
Salazar 58
Scarpelli 30, 31, 32, 33, 34, 35, 36, 37
Schiavello 108
Seña 124
Shute 234
Stahl 86
Swanton 28

-T-

Troper 172, 173
Tur 121
Twining 121

-V-

Valencia 234
Venegas Grau 172
Vergara 45
Vernengo 121

Villa 32, 33, 37, 38, 67
Villar Borda 13, 18
Viola 155, 158, 159
Vitale 217
Von Aretin 86
Von Gneist 86
Von Mohl 86

-W-

Waluchow 134
Weber 198
Weiler 165, 166, 187, 188, 191, 194, 200
Welcker 86
Wintgens 112

-Z-

Zagrebelsky 76, 83, 94, 104, 120, 174, 179, 181, 182
Zanetti 135
Zapatero 16, 127
Zimmerling 206
Zolo 183, 221

www.ingramcontent.com/pod-product-compliance
Lightning Source LLC
Chambersburg PA
CBHW032003220426
43664CB00005B/130